我的课外历史书

雾满拦江 著

1

江西人民出版社
Jiangxi People's Publishing House
全国百佳出版社

目录

序章
给中学生一本好玩的历史书

01

前年的盛夏，天气闷热。我正在书房里查资料，读中学的女儿在门板拍了两下，表示她在敲门。问我："老爸，听说你对历史挺熟有木有？"

"不敢说熟……"我警惕起来，支吾道："可能比你稍微多了解一些吧？"

女儿："李自成你知道不？"

"李自成？"我急忙回答："知道知道，李自成起于明末，会三十六路反王于荥阳。那三十六反王个个都非常有趣，我这里有套《明通鉴》……"

那赶紧，女儿"刷"的一声，亮出一本练习册："李自成起义的意义是什么？"

我的话头被打断，一时间反应不过来："啥？"

女儿："李自成起义的意义！"

"意义……"我顿时狼狈不堪："意义这东西，太抽象太虚无了。至少李自成起兵时，就没考虑过意义不意义，他就是想混口饭吃。如果一定要说

他起事有什么意义，那至少……对了，至今我们还在讨论他，这就是他的人生价值与意义。"

"什么呀。"女儿脸上说不出的郁闷："你研究的是什么历史？跟答案都对不上。"

"乱讲！"我急了："历史是history，是前人的故事。这些故事的最大特点，就是历久弥新。如果历史有了标准答案，那还研究什么？"

"算了。"女儿扔过来一句："我回去背答案了，你自己玩吧。"

"你等等"，我叫住她："你喜欢历史吗？"

女儿反问我："一堆又一堆的意义，一堆又一堆的日期，你喜欢吗？"

我沉默。

02

那次事件之后，我想了很久，想到自己读中学时，同样也对历史没什么好感。正如我女儿所说的，一堆又一堆的意义，一堆又一堆的日期，想让人喜欢它，实在是太难了。

但实际上，在我后来接触到的史学中，却充满了活色生香的动感故事，无数妙趣横生的人物，穿行于历史的烟尘之中，带给我无尽的精神享受。而我认识的史学研究者们，同样在这个研究过程中，获得了极大的快乐。

历史，是此前人类留下来的足迹。

历史中的人物，在他们特定的时代，一如我们现代人，正常起居、坐卧、读书、谋生、交际甚至打架。在他们生前，从未有谁想到过：他们将会成为历史人物，所以要活出政治结构、经济发展、文化娱乐，要活出足够高的生命高度，以便让后来人学习、考试。

历史人物和我们一样，有喜怒哀乐，有悲欢离合，有浩然正气，也有许多糗事奇闻。实际上，他们不正经的时候，远比正经的时候更多。他们荒唐无稽的时候，远比严肃认真的时候更多。他们就是嘻嘻哈哈地活，从来没想过要把自己的快乐，变成沉重的负担，强加于后人头上。

但奇怪的是，当我们走进课堂，拿起历史课本时，看到的却是一个个严肃古板的面孔与充满了政治或经济解析的抽象人格。那些活生生的、有血有肉的先祖，不知被弄到哪儿去了。这就让我们的历史学习，变得枯燥乏味。

我们太急于从前人的平凡存在中，寻找出伟大的意义或概念。却忘记了，生命的意义与价值，就隐伏于历史人物的生平片断之中。为一个刻板的固化形象，我们不惜回避历史人物的生活点滴，在这个过程中我们已经失去了历史，也无力追问生命的意义。

03

需要一本好玩的、有趣的、真正记载那些熟悉人物的历史书。这本书不谈意义，不谈价值，只为你勾勒出此前的真实人物。你能够在这些精短的小故事中，认识人性的复杂。只有在这种情况下，有关生命意义或价值的思考，才有可能在你的大脑之中悄然成形。

读书原本是件有趣的事儿，学习更不应当让人生出无力承受的沉重之感。而此前那些留存于史的人物，莫不是勘透了这个规律，让自己活得开心、快乐，因而他们的经历才具有了传世价值。这就是我广搜资料，撰写此书的目的。我希望让历史回归它的本来面目，让学习更具趣味。只有在这种情况下，你才会在不知不觉之中，浸染了学问的清芬，体会到手不释卷的快乐。

史上留名的人物，也大多是这样。他们卸下严肃古板的负担，从快乐的阅读中汲取到智慧，丰富了他们的生命，成就了我们的历史。

他们能做到，我们应该也能。

04

这本书，是为我读中学的女儿所写。我希望她读书时，不要再那么累，不要那么不开心。

这本书，同样也写给我女儿的同龄人，那些穿着校服、对未来充满了期许与憧憬的中学生们，你们应该变得更快乐，应该读到你们喜欢的历史。

读书原本是有趣的事儿，历史更是书本中最好玩的。我希望女儿的书包里，多几本这样的书，纯正的历史，鲜活的人物，生动的故事。没有强制记忆，没有单调重复，只有潜移默化的熏陶与吸引。

让学习回归快乐，让历史回归此前的鲜活。就从现在开始，让我的女儿和她的同龄人，读一本有趣的历史书，并最终让她们的人生，变得高雅而趣味盎然。

是为序。

雾满拦江2015年初于北京

第一章

文明大爆炸

第一章

约170万年前，云南元谋"元谋人"制造和使用石器。

约70万年至20万年前，北京周口店"北京人"懂得使用火。

约3万年前，北京周口店"山顶洞人"，开始了氏族生活。

约7000年至5000年前，河姆渡、半坡文化，已进入农耕文明。

前4300年至前2500年，黄河流域进入父系氏族社会，出现传说中的黄帝、炎帝和尧、舜、禹。

第一节

霸气的老祖宗

01 中国历史起初很长

古时候的中国人，远比现代人霸气。祖先推算中国的历史，是从神话盘古开天地算起的。

神话学家用奇异的法术计算出，在公元前2760480年之前，没有天地，没有世界，连宇宙都没有，只有虚空中的一枚卵蛋。卵蛋中有个叫盘古的人，安静地卧睡其中，享受着蛋蛋的幸福。忽然有一天，盘古瞪开眼睛，发现四周一片昏暗，盘古大怒，抡起斧子，劈开了这枚蛋。盘古发怒了，宇宙大爆炸了，中国人从此有了自己的神话历史。

于是，古人把中国的历史，从公元前2760480年到公元前480年，每隔276000年，算作一纪，共分十纪。

这十纪分别是：

第一纪：九龙纪。

第二纪：五龙纪。

第三纪：摄提纪。

第四纪：合洛纪。

第五纪：连通纪。

第六纪：序命纪。

第七纪：循飞纪。

第八纪：因提纪。

第九纪：禅通纪。

第十纪：流讫纪。

十纪恒久远，传奇永流传。古时候的中国人，坐享276万年的历史，感觉很幸福。

但是很不幸，在近代鸦片战争中，中国人输掉了。于是，中国漫长的历史，也遭到了强力挑战。

02 我们的历史是怎么被缩短的

西方学者气势汹汹而来，威胁说："你们中国人的历史，必须要缩短，不允许那么长。"

中国的史学家很委屈，问："为啥呢？"

洋人史学家说："夏商及以前的历史，都是你们汉代的司马迁编造出来的，不作数。"

中国人很委屈："我们的悠久历史，都是有文字记载的，你凭什么说我们瞎编。"

洋人史学家说："因为你们没有证据！没有考古学上的物证支持，你们的历史就不作数。"

中国人很无奈："那我们就在地下挖挖看……"

这一挖，就挖出点名堂来。

清朝光绪年间，河南安阳小屯村一带的殷墟，出土了商朝后半期的甲骨文，证明了夏商并非编造出来的，而是已经埋没于厚重大地之下的历史。

于是，中国人扬眉吐气，跟洋人叫板："我们没有瞎编，司马迁他老人家是科学的、严谨的。夏商周不是司马迁的杜撰，是我们中国人真实的历史。"

洋人说："哦，这样啊，那啥，那你们夏商周以前的历史就是瞎编的，除非你们能拿出考古学证据来。"

中国人很悲愤："那我们接着挖。"

这一挖，挖出了更大的名堂。中国人在江淮南北挖掘出相当于传说时代的三皇五帝的遗存，证明了中国历史漫长久远，远超人们想象。

中国人急忙拿着证据去给洋人看，可是洋人说："不行啊，你们这证据链不全啊，少了中间几个环节。你们还得继续挖！"

还要挖？中国人好头疼："再挖，我们中国就成了大工地了。"

这段故事，有时候会在电视里提及——夏商周断代工程，说的就是这件事。

课本上称中华文明五千年，实际上是从黄帝时代开始的。但考古学仍然在为历史提供更多的证据，说不定哪一天，新的考古发现又会把我们的历史向前推进一大截。

03 女娲创造了人

有了天地，就有了人类。在中国这片大地上，最早的人类痕迹，是一百七十万年前的元谋猿人。这些人是怎么来的？这是一个恒久的疑问。

古时候的中国人认为，最早的人类，是女娲创造出来的。

女娲氏，是中华民族最神圣的始祖，也是中华民族生命的保护神。

鸿蒙开辟之初，大地上只有为数稀少的神祇，极其荒凉。女娲看到这情形，就捏黄土造人。每次捏出一个人形，吹一口气，泥人就幻化成活生生的人，欢跳着跑开。女娲捏啊捏，终于感到疲累了，于是把粗绳放在黄泥中，随手一甩，就甩出一个个人来。只不过，绳甩出来的人，由于制作程序上偷工减料，智商就差了许多。古人用这个故事来说明人类智商不对等的现实。

另一个说法是，女娲是伏羲氏的妹妹，为繁衍人类，两兄妹欲于昆仑山上结为夫妻。但二人又觉羞耻，就向天空大喊："苍天在上，如今我兄妹欲结为夫妻。若是苍天同意，就请让云烟聚合；如果苍天不同意，就请让云烟散开吧。"

结果，山岚起处，云烟聚合，遮住了女娲和伏羲氏，于是两兄妹成婚，开始了人类的神圣繁衍。

人类诞生以后，遭遇了一场空前的灭顶之灾。当时有两个神祇——水神共工和火神祝融，不知因为什么发生了冲突，大打出手，结果共工失败。共工恼羞成怒，一头撞向支撑在天地之间的不周山。只听一声可怕的巨响，不周山被共工撞断，天庭裂开一道大缝，大地失去了平衡，天倾西北，地陷东南。冰火炎流，从天而降；狂风暴雨，日月无光。汩汩滔滔的大水，淹没了整个世界，猛兽出没，捕食百姓，鸷鸟盘旋，生噬婴孩。

女娲不忍看人类遭遇如此劫难，就搭建起一只小火炉，找来山上的五色石，烧炼后镶嵌在开裂的天空之上。从此，天上布满了灿烂的云霞，那就是女娲炼就的五彩晶石。

接下来，女娲杀掉了一只倒霉的大乌龟，用它的四只脚重新把大地支撑起来。再杀掉水精黑龙，遏制了滔滔洪流。而地面上的积水，女娲则用芦草

烧成灰，铺陈在大地上，将其吸干。

传说，这片大地就是华北大平原，因为它是由芦草的灰铺成的，所以平坦而肥沃。

此后，女娲背倚大地，怀抱星辰日月，躺在方形的石枕上，缓慢地入睡了。春风拂过她的身体，夏花在她身上盛开，秋天万物肃杀，冬季白雪皑皑。阴阳窒塞之地，经由她的身心化解疏通。天地乖戾之气，遇到她顿时消散。即使是那些凶恶的禽兽虫蛇，也藏匿起爪牙毒汁，没有了攫取与吞噬之心。

04 燧人氏盗火

人类开始在大地上繁衍生息，首先要解决的，就是一系列生存问题。

下面，我们来看看人类文明最伟大的发现：火！

老实说，在自然竞争态势中，人类丝毫不占优势，跑不过老虎，跳不过豹子，咬不过野狼，打不赢狗熊。但当人类一支火把在手，虎豹狼熊顿时退避三舍。所有的野兽都害怕火，但距今七十万年到二十万年的北京猿人，他们就已经掌握了火。从第一支火把的使用开始，人类在地球之上，已经不再有对手。

那么，北京人是如何发现了火的呢？

西方学者推断，人类掌握火，是来自于大自然的恩赐。雷电击中树木，引发熊熊大火，烧死野兽并留下余烬，这就为人类掌握火创造了条件。

但中国更为古老的传说却认为，中国人掌握火是缘于对石器的使用。

传说中，燧人氏是给我们带来光明的伟大神祇。

燧人氏，这个名字的意思，是指那些用石块取火的人。早期的北京人，已经学会了将石块打造成粗糙的石器。但并不是任何类型的石头，都容易打

造成石器的。原始人最青睐的，是一种体积不大，坚硬无比，一旦碎裂就会产生锋利断口的石块。

这种石块是硅质岩石，多为灰黑色，碰撞时会产生火花。所以这种奇妙的石块，又被称为火石。

最早从火石碰撞中得到火的部落，就是伟大的燧人氏。燧人氏把整个人类文明，向前推进了决定性的一步。从此，人类吃到煮熟的食物，身体变得强壮，寿命延长，不再害怕猛兽毒虫。

第二节

华丽原始人

01 有巢氏，居住文明的传奇

火的掌握，让人类步入有尊严的生活。

三万年前的山顶洞人，把他们的石器技术发展到了极致——会钻孔，会打磨，甚至还发明了缝制衣服的骨针。但是，山洞的居住条件太恶劣，成为当时人类的最大困扰。

山顶洞人仍然居住于洞穴之中，虽然原始人类开始生火取暖，而且不惧猛兽，但是洞穴的天然潮湿环境，逃不过爬虫的侵扰。每天早晨，当山顶洞人从梦中醒来，总会发现自己的身体上，爬满了蝎子、蜈蚣及蚂蟥。

毒虫叮咬，环境恶劣，山顶洞人承受着皮癣和潮湿疾病的痛苦。直到有巢氏横空出世，人类才看到了希望的曙光。

有巢氏，这个名字的意思，就是那个有巢穴居住的家伙。有巢氏是个绝顶聪明的人。他采集茅草，以地为穴，搭建起半地穴式的房子。这种居住环境通风干燥，冬暖夏凉，相比阴暗潮湿的洞穴，无异于天堂。

伟大的居住文明时代到来了。大地之上，铺天盖地，出现了不计其数的

巢穴。

02 神农氏：农耕文明的出现

掌握了火的使用，掌握了石器，人类在自然竞争中，已经占到了绝对上风。
接下来的任务是，寻找更多的食物，以满足人类生存的需求。

这个任务，是由神农氏来完成的。

神农氏是农耕之神，他寻找适宜耕作的土地，带领人们种植瓜果蔬菜。
他找来尖硬的树枝，把一端削成叉形，用以翻土，这个工具被称为耜。然后
神农氏再接再厉，又推出了耜的升级版，名字叫耒，就是在耜上安装一根柔
曲的长柄，从而大大提高了翻土的效率。

距今约七千年的河姆渡原始居民，农耕时使用的，就是传说中的神农氏
发明的耒耜。

下一个问题是，哪些植物适宜人类食用，哪些有毒不可吃。当时，神农
没有生化实验室，没有任何检测手段，对于植物是否有毒，鉴别的技术手段
只有一种：亲口尝一下。

这就是神农尝百草的传说。他奔走于各地，亲口嚼食每一株植物，研究
其性能。他经常吃到毒草，这严重伤害了他的身体。据古书记载，神农尝百
草，一日而遇七十毒。之所以以身试毒，只是为寻找到能够治疗疾病的药草。

最终，神农尝遍了天下的植物，终于明白了哪些植物可以食用，哪些植
物可以用来治病，而哪些植物却只能毒伤人。就这样，从古代中国的农耕文
化中，衍生出古老的中医智慧。所以，神农氏又是中医学的鼻祖。

种植业的发展，将人类的生产力向前推进了一大步。此后人类可以自己
掌握命运了，物质文明开始丰富，男耕女织，衣食无忧。

03 伏羲氏：从此走向智慧

伏羲氏，是中国神话中的智慧之神，更恰当地说，他实际上是文明之神。

伏羲氏始出，即教导人类以绳结网，绳网在陆地上可以捕捉野兽，在水中可以捕捉游鱼。他又指导人类造书契。此前，人类是结绳记事，有什么事情需要记下来，就打一个绳结。绳结打多了，每个都差不多，每一个绳结说了些什么事儿，只能靠猜的。而伏羲氏指导人们在木头或石头上刻画记号，这就拓宽了人类的思维视野。

伏羲氏对人类最大的贡献，是礼仪文明的进步。在伏羲氏之前，原始人类的男欢女爱，全无半点规矩可言。有考据学者称，古之婚配之婚字，由一个女字和一个昏字组成，意思是当原始男人到了求偶时期，就手持石棒出门，遇到心仪的女生一棒子打昏，再把昏女拖回洞里，这就等于洞房花烛夜了。但婚姻程序如此粗暴简单，必然会引起女性的不满和抗议。

于是伏羲氏制定了礼仪规范，但凡男子喜欢上哪个姑娘，不可以上前一棒打昏，这太没品位了。男子必须准备两张漂亮的鹿皮，送给心仪的女孩求婚。这个仪式取代了棍棒式求爱，受到了女性的广泛欢迎，并流传至今。

但伏羲氏最大的成就，还是演八卦。古人记载称，伏羲氏仰观天文，俯察地理，远取天下万物鸟兽花纹，近取诸身，创造了人类历史上最早的二进制。他以一条长线代表阳，以两条短线代表阴，阴阳组合，演绎出举世皆知的《周易》之先天八卦图。目前，八卦已经成为孤悬于世的最古老的科学体系，而该体系的实用价值，则成为学界一代又一代研究的起点。

伏羲氏对中华文明的开创，在距今约七千年的河姆渡原始居民、五六千年的半坡居民及四五千年的大汶口原始居民处，都有所发现。

第三节

人神混杂的奇妙世界

01 黄帝与UFO

　　黄帝和炎帝，实际上是同父异母的兄弟，都是西羌部族的首领。据《帝王世纪》所载，黄帝的父亲是少典氏，母亲是有蛴氏，闺名附宝。有一天夜晚，附宝姑娘突见黑漆漆的高天之上，有一道亮丽的闪电，围绕着北斗七星疾速飞行，这大概是比较早期的UFO目击记载。观察了一番UFO之后，附宝姑娘就发现自己怀孕了，此后她怀孕两年，生下了个大胖小子，这就是黄帝。

　　黄帝生于轩辕之丘，以此为号，又以此为名。他的父亲少典氏是有熊国的首领，黄帝长大后以官二代的身份接班，从此成为有熊国的国主。有熊国既然名曰有熊，这个国度或者是养了几头熊，又或是有熊出没。不管出于什么原因，轩辕氏打出来的战旗，必定是以熊为标志的。

02 炎帝与神农

　　炎帝的母亲叫女登。有一天，女登到常羊山玩耍，忽然间天空中烟霞缭

绕，金光灿烂，明丽的光线中，一条巨龙盘旋而下，直扑过来将女登按倒在地。然后，该发生的事情发生了，不久女登就生下了一个孩子。

这个孩子，生下来三天会说话，五天会走路，第七天嘴里就长满了牙齿，到了三岁，他已经能胜任成年人的工作。部落中的百姓见他天资聪颖，智力超群，就拥戴他为首领，称他为炎帝。又因为他常年上山采药，替部落中的百姓医病，所以他承袭了神农氏的称号。

03 战神蚩尤

蚩尤是一个可怕的敌人，传说他长着八只脚，肋生双翅，三头六臂，刀枪不入，杀之不死。他还有八十一个兄弟，皆铜头铁额，食砂啖石。他还能够吞云吐雾，飞沙走石。这表明蚩尤不但能够制造精良的戈、矛、戟等铜兵器，甚至能骑坐在动物的背上作战。他还能够控制天气，制造变幻莫测的气象，使对手迷失方向。所以他被奉为天下之兵主，也是传说中的战神。

04 战争行将爆发

随着生产力的发展，各部落的人口越来越多，盘踞在山东一带的蚩尤，开始向西扩张。而生活在陕西一带的炎黄两大部落，苦于生存资源的匮乏，也正在向山东方向移民。三大部落拥挤于狭小之地，战争的爆发已经无可避免。

05 炎黄大战

公元前2698年至公元前2598年之间，位于陕西姬水附近的黄帝部落，与

位于姜水附近的炎帝部落，因为生存资源的匮乏，不约而同地开始大移民。移民时两大兄弟部落的矛盾，终于被激化了。

矛盾激化的原因，主要是因为炎帝部落仍然采用古老的刀耕火种技术，开荒时先要放火烧荒。而相对来说农耕技术更为先进的黄帝部落，对此极为不满。双方几经谈判，都不肯让步，于是黄帝部落就决定先发制人。

阪泉大战，就是在这种背景下爆发了。

黄帝统帅着以熊、罴、豹、虎等为图腾的部落，挥舞着雕鹰战旗，向炎帝的部落发动了突然袭击。炎帝的士兵仓促之间迎战，双方于涿鹿之野，展开了三次激烈的决战，最终炎帝部落难以抵挡有熊部的凶猛进击，兵溃如山倒。

有记载表明，炎帝在这场战斗中死亡，如《淮南子·兵略训》中称："炎帝为火灾，故黄帝擒之。"

炎帝战死，但其部众仍然在溃逃之中，奔逃的方向是东面，这里却是蚩尤的地盘。这就为战争带来了不确定的变数。

06 战神发威

阪泉三战，炎帝部众溃败。很明显，蚩尤将逃奔而来的炎帝溃众，视为对他公然的挑衅与冒犯，于是他出动大军，向炎帝溃众碾压过来。炎帝部众的逃生之路受阻，被迫掉头，再逃了回来。

黄帝正在西边等着，刚要杀个痛快，不料蚩尤的军队来势凶猛，一下子冲乱了黄帝军队的阵脚。

没料到蚩尤突然杀至，而且势不可当。黄帝的有熊部落一下子被蚩尤冲散，于荒野之间各自亡命，被铜头铁额的蚩尤兄弟们快意追杀。而黄帝本人则仓皇如漏网之鱼，逃入了博望山中。

此后蚩尤兵围博望山，展开了地毯式大搜捕，想把黄帝捕获杀掉。刚刚品尝到胜利喜悦的黄帝，眨眼功夫就陷入了绝境，不得不转入最艰苦的游击战。他身边的人越来越少，悲观情绪蔓延开来，许多人议论纷纷：熊旗还能再打多久？

虽然是天将午，饥肠响如鼓，但黄帝仍然乐观地鼓励手下士兵："我们的战士，在困境时要看到希望，看到光明……咦，你们怎么全都跑掉了？不要跑，快回来听我说……"

从黄帝身边逃离的士兵们，多半被蚩尤所擒杀，黄帝这边的力量越来越弱小，已经丧失了与蚩尤一战而争天下的资本。

但最终，蚩尤没有搜到黄帝本人，不得不退兵了。而英明神武的黄帝，却在蚩尤退兵之后，做出一个伟大的决定：炎黄合兵。

黄帝的有熊部落与炎帝部落，在阪泉之战中都遭受到了毁灭性的创伤。如果想避免蚩尤一家独大，为所欲为、称王称霸的话，那就只能是——整合炎黄残余武装，两家合兵，才有实力再争天下。

07 精魂不灭

炎黄合兵，涿鹿之野。时间为公元前2698年至公元前2598年之间的某一年，一场新的战斗拉开了序幕。

这是一场人神混杂的战斗，从一开始，蚩尤就使出了他的拿手绝活。他踏罡步斗，披发而行，仰天长啸之际，滚滚的云雾从他的口中喷吐而出，霎时间遮迷了天地。大雾三日三夜不散，给黄帝的有熊部落带来了极大的麻烦。

黄帝手下的战士，多有在大雾中迷失者。黄帝只好暂停战斗，转入发明创造领域，与蚩尤一争高下。历史证明黄帝是个伟大的发明家，他临时发明

了指南车。这是一种造型奇异的小车子，车上有一个铜人，无论车子如何转动，铜人的手指都始终指着南方。指南车的发明，使得黄帝的部队即使在遮天的云雾之中，也不会迷失方向。

黄帝蚩尤交手的第一个回合，是典型的科魔大战，黄帝以科学技术战胜了蚩尤的魔法。

第二个回合，轮到了黄帝出手。他呼叫水神应龙的支援，应龙赶来，掀起滔天的巨浪，将蚩尤的军队困于孤岛之上。

蚩尤不甘示弱，也呼叫外援。赶来支援蚩尤的，是风伯和雨师。这两个神祇，对黄帝没有好印象，他们冲着黄帝的军队刮暴风、下骤雨，导致黄帝的军队陷入泥泞之中，无法前行半步。

战事陷入胶着状态，蚩尤的军队无法冲出应龙的水困，黄帝的军队也无法突破风伯和雨师的阻挠。在这种情况下，黄帝要想赢，就得请一位女生出场。

这位女生，就是女魃。她是一个非常可怕的女生，传说她本来是具僵尸，后来化形成人。她的眼睛生在头顶上，走路时能看到天，却看不到前方。但也没人敢出现在她的前方，因为她的秀发全都是一条一条小蛇，张牙舞爪，择人欲噬。此外，女魃的身体上还长满了白毛。看到她的人，多半会吓个半死。

女魃又称旱魃，她所到之处，赤地千里，一滴雨也不会下，往往一旱就是三年。她所居之地，所有的生物都会因为干渴而死。人们哪怕只是听到她的名字，也会吓得瑟瑟颤抖。

女魃来到两军阵地之前，风伯和雨师见到她，大为惊恐，立即逃之夭夭。霎时间风停雨住，大水迅速蒸发殆尽，泥泞的地面也很快变得干燥。

黄帝不失机宜地发起总攻令，潮水一样的军队向蚩尤部落涌了过去。虽然蚩尤兄弟有八十一人，且个个铜头铁额，但仍然无法阻止黄帝军队的狂

猛攻势。最终蚩尤的部众被击溃，八十一个铜头铁额的武士，悉数被擒杀。就连蚩尤本人，虽然长了八只脚，肋生双翅，却也未能逃脱，被黄帝下令斩首。

蚩尤所统，是谓九黎部落，这支部落的残余向南逃窜，一口气逃到了现在的贵州万山地带，才喘息未定地止住了脚步。此后这支部落在贵州繁衍生息，据说他们就是苗族的先祖。

蚩尤虽死，精魂不灭。他的血化为枫林，斩首之地更是常见美丽的极光，状如战旗，被称为蚩尤旗。

08 猛志固常在

黄帝虽然取得了空前的胜利，但各部落仍然拒绝臣服。在他们心目中，只有蚩尤才是天生的领袖。至于黄帝，虽然他用诡计杀掉了蚩尤，这仍然构不成大家向他臣服的理由。

黄帝无可奈何，于是心生一计，他尊奉蚩尤为战神，并画了蚩尤的画像，送往各个部落。见到画像，各部落纷纷传说蚩尤未死，倘不臣服，只恐战神发怒，大祸临头，这才认可黄帝为新的天下共主。

有一天，黄帝出巡，视察各地的农耕作业，并察看是否有地下抵抗活动。当他经由刑天部落时，遭到了刑天的强力狙击。刑天有可能是直接向黄帝发动了攻击，又或者只是言辞上的抗议。总之，他的反抗激怒了黄帝，黄帝当即下令将刑天斩杀。

刑天被杀后，尸体埋在了常羊山。但这座山是座灵山，是炎帝部族的精魂之山。刑天的精魂从常羊山中获得了灵气，于是他复活了。

但复活后的刑天，因为被割掉了头，只好以两乳为目，以肚脐为眼，手

持干戚，挺立于常羊山上，向这世界表明他绝不臣服的决心与勇气。

晋代大诗人陶渊明作诗曰："精卫衔微木，将以填沧海。刑天舞干戚，猛志固常在。同物既无虑，化去不复悔。徒设在昔心，良辰讵可待。"

09 精卫填海

炎帝有个小女儿，名叫女娃。女娃去东海游泳，不幸溺死。死后她的精灵化为一只鸟儿，黑色，脑袋上有花纹，白喙，红色的爪子，名字叫精卫。精卫恨东海让自己不得归，常衔西山之木石，想要填平东海。

精卫填海，是中国历史上最美丽的传说，体现了中国人一种柔弱的抗争力量，生生不息，气节长存，有死而已，绝不屈服。

10 大发明家黄帝

涿鹿之战中，黄帝能够及时迅速地发明指南车，表明了黄帝是个伟大的发明家。除了指南车，他还有很多发明与创造：

改进房屋：黄帝发明了用石块建筑的方法，加固了房屋，从此人类开始定居，并形成村落、集镇乃至规模性的城市。

发明衣服：黄帝之前，地球好像一个偌大的天体营。人类光着身体，四处乱跑。不雅观倒在其次，关键是容易受到伤害和感染疾病。幸亏黄帝带领人们以兽皮为衣裳，终于让人类有了尊严。

发明车船：传说黄帝首先发明了轮子，然后将轮子实用化，发明了车子，继而发明了船，从此人类的活动领域大大拓展。

发明弓箭：弓箭可瞬间置对手于必死之地，从此成为中国古人类最常规

的武器，直到近代列强入侵，弓箭仍然是军中必备。

发明阵法：阵法的发明，让战争变得神圣起来，这是黄帝的伟大贡献。

发明音乐：黄帝时代，笛子和箫等带孔洞的管形乐器出现。此外，黄帝进一步改良了琴与瑟，把人类声音分成五个主音阶和十二个副音阶，丰富了乐理。

发明陶盆器具：黄帝之前，人类吃剩的食物无处放，煮食物时也只能用厚重的石釜，陶器的发明为古人类带来了极大的便利。

发明井田：传说黄帝把土地重新划分，划成井字状，中间的部分属于酋长，周边的八块属于百姓个人。这种经济制度的创立，对中国人的经济思想产生了恒久的影响。

11 仓颉造字

仓颉，是黄帝的臣属，他发明了文字。

传说仓颉生而神灵，小时候就善于创造字符，记述事情。等他长大之后，就爬上高山，观察野兽留下来的痕迹，下到水中，观察游鱼划过水面的轨迹，观察山脉的走势，河流的蜿蜒，日出的辉煌与月亮的圆缺。他还观察人们的表情，喜怒哀乐无不了然于心，男欢女爱尽在掌握之中。把生活中的每一个细节全部考虑在内，再经过夜以继日的苦心孤诣，伟大的仓颉，终于创造出了我们至今仍在使用的汉字。

古史记载，当仓颉造字成功，天地之间出现了奇异的景象，谷物从天而降，阴鬼在暗夜中啼哭。

从有了文字开始，人类必须要学会承担责任。作为人类活动的基本要素，人类的言行很可能被记述下来，智慧地生存，首次让人类感受到奇异的

压力。

12 驭龙升天

黄帝晚年时，命人采首山之铜，铸鼎于荆山之下，鼎上刻写着他的丰功伟绩。鼎铸成之日，天门忽然开启，一道明丽的光线射来，就见一条黄色的龙，垂着长长的须髯，下来迎接黄帝。于是黄帝骑上龙身，他身边的大臣宫女，总计七十人，也都爬到了龙身上，随着龙冉冉上升。还有许多地位不高的小臣子，围绕在龙的四周，极力地想抓住龙须，可是龙须不堪人体的重量，当龙升起的时候，这些倒霉的小臣们纷纷自高空跌落。一同跌落到地面上的，还有黄帝的弓。

记载中说，当时的百姓们，抱着弓与龙须，在地面上大喊，希望黄帝不要抛弃他的百姓。但是黄帝及其所乘坐的龙，最终还是消失在天空之中。

为了纪念黄帝的升仙之事，后世把那个地方称为鼎湖，把黄帝留下的弓称为乌号。黄帝飞升的地方，有人说是现在的河南灵宝市，也有人说在浙江的缙云县。

第四节
远古有个葫芦娃

01 五帝时代

黄帝而后，就是五帝时代了。五帝中名气最大的，是开创了禅让制的尧帝。

尧，是好心肠的意思。帝尧，就是好心肠的君主。尧也因其好心肠，成为中国古代史中明君圣主的典范，为历代的学者歌颂不已。《孟子》中还认真地记载：孟子道性善，言必称尧舜。

尧帝的个子很高，身高十尺，约有两米多。这种雄伟的身高，在当时差不多是巨人了。此外他的脸部没有长对，像只葫芦，上面小而下面大。他就像是原始时代的葫芦娃，这样一张脸，放在动画片里是没问题的，在现实生活中突然出现，怎么看都感觉不对头。

尧帝之前，帝位是世袭的。父亲死了，儿子接班。尧帝改变了这个不合理的做法，将帝位承袭制改为让贤制，就是把天下共主的位置，让给最有德行、最有能力的人。

02 舜帝姚重华

舜帝，是五帝时代的最后一任帝王。他来自有虞氏部落，所以又称虞舜。

舜在部落中极有贤名，因此娶了尧帝的两个美貌女儿——娥皇和女英。而他的生身父亲瞽叟和狠毒的后妈，却时时刻刻想着要杀死他，夺走他的财产。

有一次，瞽叟叫舜爬到粮仓上修补漏洞，趁机抽去梯子，并放火焚烧粮仓，想要烧死舜。

谷仓熊熊燃烧，愈烧愈烈。舜身背斗笠，像鸟一样展开双臂，腾空而起。身后的斗笠，起到了降落伞的兜风作用，让他徐徐降落在地面上，没有受伤。

瞽叟目瞪口呆，但他马上又有了新主意。他交给舜一柄木制的泥铲，让舜去淘淤塞的泥井。等到舜进入井底之后，瞽叟、后妻及儿子象，迅速地把井给填埋了。

不曾想，舜在井中，却迅速地向侧面挖出条斜向上方的新通道。然后他通过这条通道，又爬出了地面。

两次谋杀，都未能损及舜分毫。帝尧再次对舜产生了浓烈的兴趣，他让虞舜进入森林川泽之中，接受野外求生考验。其时电闪雷鸣，狂风大作，暴雨如注，天色昏晦，凶猛的野兽于密林中虎视眈眈。但虞舜成功地通过了考验，穿越暴风雨，走出大泽。

帝尧说："舜啊，你通过了考验，我没有看错人下一任天下共主，就是你了。"

03 大禹治水

帝尧时代，天下洪水泛滥，百姓困扰不堪，于是尧派了鲧治理洪水。但鲧徒劳无功。帝尧以治水不力为由，杀掉了鲧，改派鲧的儿子大禹，继续治理水患。

大禹治水，走遍天下，他陆行乘车，水行乘船，泥行乘橇，山行穿檋。最后这个檋，是大禹发明的一种鞋子，鞋底有组装式的两个齿，上山前齿短，下山后齿短，行走起来极为方便。

长年治水，大禹吃不好，睡不安，身体变得枯瘦，头颈变得细长，嘴变得像鸟儿一样又尖又细。他的脚上长满老茧，小腿上的汗毛被水浸得不再生长，走路时一瘸一拐，一步一顿，这种奇异的走路方式，就是历史上有名的禹步。

烧石浇水，不畏艰难，大禹治水十三年，疏通九河，将天下分为九州。于是，在舜帝之后，就由大禹接掌了天下之位。

04 国家的出现

大禹时代，公天下深入人心，权力的禅让已成传统。即使帝王存有私心，想把帝位传给儿子，但社会的公议，让大禹不敢轻动。

于是大禹采用了个非常巧妙的法子，他先杀掉了巨人族防风氏，又消灭了共工部落，然后宣布，要把天下禅让给自己的书记员益。

益是个小部落的酋长，不知大禹的真实用心，欢天喜地地接受了。

大禹死后，益就宣布自己是天下共主，可是天下部落全不理睬他，都去朝拜大禹的儿子启。益气急败坏，就派人去抓启，但抓捕失败，启率人杀回

来，抓住益并把他杀掉了。

启宣布废除古老的禅让制，从此权力私有化，进入了漫长而黑暗的世袭制。

松散的部落时代告终，国家出现了。

第二章

快步走出奴隶社会

第二章

夏 （约前2070年~约前1600年）

约前2070年，大禹之子启继位，建立夏王朝。夏共传14代17王。
约前1900年，太康失国，后羿代夏。

商 （约前1600年~前1046年）

约前1600年，鸣条之战，商汤灭夏，夏桀被流放，商朝建立。
商朝共传17代31王。
约前1300年，盘庚迁都于殷。
约前1250年~前1192年，武丁在位，史称"武丁盛世"。

西周 （前1046年~前771年）

前1046年，牧野之战，周武王灭商，商纣自焚，周朝建立。
前1042年，武王卒，周成王继位，周公摄政。
前841年，厉王暴虐，国人暴动，厉王被逐，召公、周公"共和行政"。
前771年，犬戎攻破镐京，幽王被杀，西周灭亡。

第一节
夏商如云烟掠过

01 射日英雄传

夏王朝时代，曾发生过有穷部落酋长后羿夺政的宫变。而这位后羿，就是有名的射日英雄。

传说上古时代，有十枚太阳轮流值日，每天有一枚太阳出来，普照大地，另外九枚太阳就在家里休息。就这样一天天过去，慢慢地太阳们就不守纪律了，有一天忽然间全都跑了出来，烤得大地禾苗焦枯，河水蒸发，山林燃起熊熊大火，野兽被烧得四处乱窜，噬人无数。英雄后羿怒不可遏，操起他的神弓，连射九日。只听啪啪啪九声响过，九枚太阳中箭，跌下凡尘，摔成一地，星火四溢，旋即熄灭。

天空中还剩下最后一枚太阳，见后羿如此神勇，吓得连连告饶。后羿命令他以后不得偷懒，担负起明照天地的职责，每天都要出来。从此，天地之间又恢复了正常。

这个故事叫后羿射日。与此相关的另一个故事，是嫦娥奔月。

后羿赴昆仑山西王母处，求得了不死仙药。把药带回家后，却被妻子嫦

娥给偷吃掉了。于是嫦娥飞升上天，飘然进入了月宫，化为月精。

02 和太阳一起完蛋

夏王朝的权力承传，终止于末代帝王夏桀。

夏桀身材魁梧，力大无穷，能够拉直弯曲的金属钩，还能够搏杀虎豹。但他生性残忍，嗜杀无度，喜欢用酷刑折磨无辜的人。他还是个好色之徒，宠爱绝色美女妹喜。

夏桀和妹喜大肆荼毒百姓，他们挖池蓄酒，堆肉为林，故意把吃人的虎豹放到集市上，看着百姓们惊恐逃奔而哈哈大笑。身为一个残暴无度的帝王，夏桀却又非常自大，以桀太阳而自居。百姓不堪其苦，指着天上的太阳诅咒："时日曷丧？予及汝偕亡。"意思是：桀太阳啊桀太阳，你什么时候死呢？我们情愿和你一起完蛋。

夏桀倒行逆施，终致天怒人怨。于是商部落首领成汤起兵，取而代之。

03 神经错乱的帝王

公元前1766年，成汤出动了七十辆战车，向夏都发起进攻。夏桀始料未及，仓促迎战，双方的军队战于鸣条，夏军大败，成汤部落直驱而入夏都。

夏桀就这样成为成汤的俘虏，成汤也没有难为他，而是把夏桀和妹喜等人一道流放到了南巢。忧郁的夏桀对这种变化无法理解，他每天神经质地唠唠叨叨："我真傻，没想到成汤这样对待我。假如上苍给我一个机会，我会说，杀掉成汤！假如一定要给这个机会期限的话，杀一万次，次次不重样的……"

无法接受现实，夏桀精神错乱。他每天不断地嘟嘟囔囔，有一天他一边嘟囔一边爬上了南巢之山，从山顶上跳下扑通一声，摔成了肉饼，彻底结束了夏王朝的历史。

04 殷商帝国

殷商，是我们读书时经常读到的一个固有名词。但什么叫殷商呢？

殷商，指的就是由商部落建立起的商王朝。殷，是指殷水，这条河在陕西洛南商地，这是商部落发家的基地。但商部落形成庞大的势力，是在现今的河北省中南部的漳河流域，漳水就是商水。所以后人以殷商称商王朝，其来由就是殷水和商水。

05 高宗伐鬼方

商王朝第二十三任帝王武丁时代，游牧民族沿中亚草原驱策而来，与商王朝展开了激烈的战争。这段历史，又称为高宗伐鬼方。

鬼方是个游牧民族，居处不定，来去无踪。《武丁卜辞》记载：登人三千呼伐土方，王共人五千征土方。这表明武丁至少两次攻击土方，这场艰难的战争持续了整整三年，但由于商军无法捕捉到鬼方的决战主力，战争陷入了胶着状态。

这时候，在今陕西中部活动的周部落，得知商王朝陷入战争泥潭，就派出一支小分队，潜入鬼方阵营，寻找到鬼方主力后，将情报送到商军处。于是商军出动，一战而全歼鬼方，获得了大量的奴隶和人牲。武丁大为高兴，重重地嘉赏了周部落，此事埋下了周部落崛起的契因。

06 装萌被雷劈

商王朝第二十八任帝王，叫武乙。他不仅是个狂人，更像一个疯子，起初他四方用兵，八方征讨，发现天下之大，找不到个对手，他很郁闷，决定向天神挑战。

武乙制作了一个木人，称之为天神，每天和天神比武较量，当然总是他赢。然后他又命人找来只皮囊，里边装上牛羊血，挂在旗杆上，他自己张弓拉箭，一箭射穿皮囊，鲜血涌下，武乙大声欢呼："哇，天神失败了，天神被我射得鲜血狂喷，可见天神也不是我的对手。"

公元前1195年，武乙率众出外游猎。行于荒野，突遇暴雨，武乙正要找个地方避雨，这时候就听天雷滚滚，一团电火球直奔武乙而去，噼啪一声，把个武乙打得焦烂。

武乙向天神挑战，最终被雷劈死，古书称之为报应。但近代的科学家坚持认为是巧合，到底是巧合还是报应，结果都是一样的。

07 杀死商纣王

商王朝最后一任帝王纣，力大无穷，聪明绝顶，但有着严重的人格缺陷，是历史上有名的昏暴之君。

商纣王宠爱美姬妲己，残害百姓，他剖孕妇腹辨识婴儿男女，凿断路人腿骨视骨髓多少；又用烧红的铜柱，将劝谏他的大臣活活烙死，称之为炮烙。这些令人发指的恶行，终致天怒人怨。于是在公元前1122年，周部落向所有的部落发出号召，召开了声势浩大的盟津誓师大会，集四万五千人的联盟军向商都朝歌挺进，行至朝歌西南二十公里的牧野，遭遇到了商王朝集结

的七十万主力军。

商纣王派出的这七十万商军，都是他急手忙脚派出来的奴隶，全都是徒兵步战。双方交兵，奴隶军本无抵抗之心，纷纷倒戈，反过来加入了联军。

周武王端坐战车，以胜利者的姿态进入朝歌。悲愤的商纣王自焚于鹿台。武王向烧焦的尸体射了三箭，斩下商纣王头颅，悬挂到白旗上示众。

商王朝就这样灭亡了，鹿台那冲天的火光，宣告了奴隶时代的终结。从此，中国迎来一个全新的时代——封建社会。

第二节

西周封神榜

01 箕子的朝鲜

箕子是商纣王的亲戚，他头脑过人，聪明绝顶。有一次，纣王昼夜歌舞，快乐得糊涂了，忘记了那天是哪一天，就让人来问箕子。箕子就想："纣王日夜淫乐，连日子都忘记了，这样下去国家必定会灭亡的呀。但国君不知道日子，我却知道，那么我就危险了。"所以，箕子就谎称不知道，躲过了杀身之祸。

还有一次，箕子看到纣王用象牙筷子吃饭，就分析说："用这么高级的筷子，就不可能吃简单朴素的饭菜，必定要吃精美的食物。食物精美了，就不可能喝劣酒，必然要用犀牛角或美玉雕成的杯子，喝最上档次的酒。享受美酒美食，就不可能穿朴素的衣服，更不可能坐简陋的车子，这样发展下去，穷奢极欲是必然的。一个穷奢极欲的国家，恐怕维持不了多久吧？"

箕子害怕国破家亡，遭受连累，就假装疯掉。商王朝灭亡后，周公旦把箕子分封到现在的平壤，箕子联合土著居民建立起"箕氏侯国"，史称"箕子朝鲜"。箕子朝鲜一直延续到汉朝。

02 传奇般的贤士

周武王击败商纣王，进入朝歌，开始安抚民心。

他听说朝歌有一名上了年纪的贤者，就亲自登门拜访，问道："智者呀，请你告诉我，殷商这个伟大的王朝，是如何走到灭亡的末路呢？"

贤士笑道："大王想知道答案吗？"

周武王道："当然想。"

贤士道："那好，等到明日，我与大王约好在这里见面，到时候我把殷商灭亡的答案，告诉大王。"

第二天到了时间，周武王带着弟弟周公旦，来到了与贤士约好的会面地点。可是他到来之后，却不见贤士的影子，他等啊等，等啊等，等到了太阳快下山，也没见贤士来赴约。周武王生气了，说："这个人算什么贤士嘛，他明明说过，今天在这里会面的，可他怎么可以出尔反尔呢？"

这时候，周公旦在一边哈哈大笑起来。

武王生气地问："你笑什么？"

周公旦回答："这个人真是世上难得的贤士呀。他是个君子，不肯批评自己君王的过失，但又要把答案说出来。所以他用自己的行动告诉你，像他这样有约不至，说话不守信用，就是殷商灭亡的原因了。"

周武王恍然大悟："原来如此。"

03 周公与姜子牙

周王朝取商而代之，于是分封天下，姜子牙被封到了齐地，周公的儿子伯禽，被封到了鲁国。

姜子牙到了自己的封地，五个月后回来报告。

周公问："怎么回来得这么快？"

姜子牙回答："我简化政治机构，遵循当地风俗，所以回来得快。"

而伯禽去了鲁国，三年后才回来报告。

周公问："怎么回来得这么晚？"

伯禽回答："我改变他们的风俗，革新他们的礼节，所以回来得迟。"

周公叹息道："以后的鲁国，肯定会被齐国欺负呀。政事烦琐，人民就不会亲近他，只有简化政务，人民才会归顺。"

然后周公问姜子牙："你如何治理齐国？"

姜子牙回答："我尊敬贤者，崇尚功业。"

周公叹息道："你的后代未必都是贤者，未必都能建功立业，所以你的齐国，以后必然会被人篡夺权力。"

周公又问伯禽："你如何治理鲁国？"

伯禽回答："我尊重贤者，重视亲族。"

周公摇头道："这样的话，你的鲁国就会把有才干的人阻隔在体制之外。你的鲁国，必然会越来越衰弱。"

这个故事告诉我们，治理国家这种事，不能指望毕其功于一役，凡事有一利，必有一弊。没有只有利而没有弊端的解决方案，只能在必要的时间，做必须要做的事情。

第三章

春秋争霸战

春秋

（前770年~前476年）

前770年，周平王动迁洛邑，史称"东周"。

前679年，齐桓公始称霸。

前651年，齐桓公葵丘大会诸侯，霸业到达顶峰。

前632年，晋文公在城濮大败楚军，称霸中原。

前606年，楚庄王问鼎中原。

前584年，楚庄王成为诸侯霸主。

前482年，吴王夫差北上黄池，称霸中原。

前473年，吴国被卧薪尝胆的越王勾践灭亡。

第一节
伟大的管仲

01 不作死就不会死

西周幽王时代，讨伐褒国，获得了一个绝色美女褒姒。

周幽王为褒姒的美色倾倒，宠爱无比，日日夜夜不肯分离。但是褒姒不喜欢笑，为了讨取她的欢心，周幽王想到了烽火戏诸侯的法子。他故意点起传报战争警讯的烽火，诸侯看见火光，以为戎人进犯，立即赶来救援。褒姒站在城楼上，看着下面蚂蚁一样乱窜的军队，忍不住哈哈大笑。

诸侯被周幽王戏弄过几次后，再看到烽火燃起，以为又是幽王恶作剧，就不再赶来救援。不久戎人真的打来了，没有人援救镐京，周幽王被戎人杀掉，西周王朝就这样灭亡了。

02 为国家保护自己

管仲和鲍叔牙都是齐国人，是交心换命的好朋友。两人一道做生意，

赚了钱，管仲就拿回家；赔了本，管仲就推给鲍叔牙赔偿。管仲也曾上过战场，冲锋时他跑在最后，撤退时谁也撵不上他。别人批评管仲不爱国，管仲说："你晓得个铲铲呀，我不是普通人物，当然要为国家保护好自己。"

鲍叔牙认同管仲对自己的高度评价，他和管仲商量："现在国君淫乱不堪，齐国必乱，国君有两个弟弟，一个是公子纠，一个是公子小白，我们跟着谁好些呢？"

管仲说："要分散投资，不能把所有的鸡蛋放在一只篮子里。我去公子纠那边混，你去公子小白那边混好了。"

就这样，管仲和鲍叔牙这一对好朋友，就分散投资了。管仲跟着公子纠逃去了鲁国，鲍叔牙跟着公子小白逃到了莒国。

03 夺位狂奔

齐国发生内乱，国君齐襄公被杀，朝臣要迎回襄公的一个弟弟，继位为新的君主。消息传出，躲在鲁国的公子纠和躲在莒国的公子小白，立即向齐国狂奔。哪个跑赢了，哪个就是未来的君主。哪个跑输了，连脑壳都会输掉。

狂奔之中，管仲忽生一计，对公子纠说："请让我赶到边境，狙杀公子小白，那咱们就赢定了。"

公子纠大喜，立即吩咐管仲赶紧执行。

管仲单骑赶到边境，才埋伏不久，果然见公子小白的车子疾奔而来。管仲假意上前打招呼，瞥准公子小白，一箭射去。只听公子小白惨叫一声，仰面栽倒。管仲大喜，拨转马头，飞奔了去报功。

公子纠得知公子小白已死，长松了一口气，知道再也无人与自己争夺君

位，就放慢了速度。可正当他不慌不忙行路之际，突然听到一个晴天霹雳般的噩耗：公子小白根本未被管仲射死，他是假死以麻痹管仲。这功夫，他已经飞奔直入齐国，继位当上了国君。

公子小白继位，史称齐桓公，他向鲁国发难，逼迫鲁国杀死了公子纠，把管仲打入牢车，押送回齐国。

04 且歌且行

管仲知道，齐桓公逼迫鲁国把自己打入囚车送回，一定是听了鲍叔牙的计策，为了迷惑鲁国，保护自己。但鲁国人也不都是饭桶，万一被谁发现自己是个人才，一定会先行杀掉自己。

囚车中的管仲，就对押送他的鲁国士兵们说："士兵们，这样闷头闷脑、一声不响地行军，太没趣了。我来教你们一首好玩的歌吧。"

于是管仲就教给押送的士兵一首节奏极快的歌曲，士兵们唱着歌，不知不觉加快了速度，很快把他押送到了齐鲁边境，交给了前来接他的齐军。管仲就这样脱离险境，逃了回去。

回到齐国，齐桓公尽释前嫌，不追究管仲用箭射他的事情，重用管仲为宰相。鲁国听到消息，极为震惊，才知道自己把个厉害的人才拱手送回了齐国。但此时懊悔已迟，齐国在管仲的治理下，国力迅速提升。

05 智者之言

管仲为齐国制定了"尊王攘夷"的战略口号，从此以周王室名义发布命令，举凡不顺从自己的诸侯，就可以以不尊重周天子的名义吞并之。齐国迅

速地走上顶峰，在长达四十余年的时间里，主持过二十六次诸侯盟会，出动军队二十八次，出尽风头。

四十年后，管仲老了，病得奄奄一息。齐桓公来看望他，说："管仲，你死了之后，就让鲍叔牙为宰相吧。"

管仲说："不可以。"

齐桓公很诧异："管仲，做人要有点良心，你当年曾经射过我一箭，我说过你什么没有？不是我不想杀你，是你的朋友鲍叔牙用性命担保你有才干，我才用了你，也才有了齐国今天的局面。可你怎么这么对待鲍叔牙呢？"

管仲有气无力地说："我不同意让鲍叔牙当宰相，是为了他好。宰相这个工作，要面对人性中的肮脏与龌龊，不能够太较真，太较真就什么事也干不成。但鲍叔牙他为人耿直，看不惯小人的龌龊伎俩，这是很好的品德，但无法做到像宰相那样包容。"

齐桓公说："哦，是这样啊。"

管仲接着说："还有，大王身边最宠爱的几个人，竖刁、易牙和卫开方，你一定要远离他们，否则必然会被他们害死，国家又会陷入动乱。"

齐桓公说："不可能，你说的这几个人，对我最忠心。竖刁为了入宫侍奉我，不惜把自己阉割了。易牙最善烹饪，听我说从未吃过人肉，就把自己的孩子煮熟了给我吃。还有卫开方，他是卫国的公子，十五年不肯回国，不就是因为太热爱我了吗？"

管仲说："大王，你醒醒吧！人最爱的是自己的身体，可是竖刁为了你，不惜阉割自己。人最爱的是自己的孩子，可是易牙为了你，把孩子煮熟给你吃掉。人最爱的是自己的家庭，可是卫开方留在你身边，十五年不回家。在这些违反人性的付出后面，必然有违反人性的索要，所以我才让大王远离他们。"

齐桓公回来，把竖刁、易牙和卫开方赶走。但没过几天，身边没了这几个人的阿谀奉承，齐桓公感觉极不适应，于是他说："管仲说得也未必对，他们忠君爱国，有什么错？我为什么要听管仲的话，把他们赶走呢？"

于是，齐桓公将竖刁、易牙和卫开方又接了回来。等到管仲死后，这三人果然发起叛乱，把齐桓公困在宫中，不给食物也不给水喝。

齐桓公活活饿死，临死前说："管仲真是个圣人呀，他居然什么都知道，只可惜我太任性，不肯听他的话呀。"

齐桓公死后，齐国再次发生动乱，齐国的黄金时代就这样结束了。

第二节
新霸主登场

01 重耳流亡

晋献公时，政治昏乱，攻伐不止，公子重耳出逃。

重耳逃亡途中饥饿难忍，就向野人求食，野人拿土块戏弄重耳，说："嗟，来食。"重耳很生气，这时候谋臣们一起说："哇，这是好兆头呀，野人献曝，这表示我们将拥有土地。"

但土块是不能充饥的，重耳饿得头晕眼花。谋臣介子推就从自己腿上剜下块肉，煮了给重耳吃。后来重耳登上君位，介子推不肯出来做官，躲入山中，重耳命人放火烧山，目的是把介子推逼出来。不料想，介子推抱树被烧死，于是重耳用那棵树的木料制成鞋，穿在脚上，冲着鞋叫介子推："足下！足下！"所以此后人们以足下作为对方的尊称。

重耳逃亡到齐国，齐桓公把宗室之女嫁给他，从此重耳幸福地生活在齐国，不想再流浪了。但是谋臣们密谋离开齐国，用酒灌醉重耳，丢在车上，强行把重耳拉出了齐国。重耳醒来，大发雷霆，拿着戈追杀谋臣，他真的不想再流浪，不想当什么霸主，他只想和妻子在一起。

但最终，重耳在漫长的流亡过程中积累了惊人的智慧。62岁那年，他返回晋国，励精图治，一举成为天下霸主。

02 刀下之盟

第三个登上霸主之位的，是楚庄王。

楚国地势得天独厚，资源众多。当晋国从巅峰上滑落，楚庄王不失机宜地攻打宋国，困城九月，城中百姓大批饿死，易子而食。

宋国太宰华元眼含热泪，缒城而下，潜入楚王营帐，把刀子抵在楚太子的颈上，逼问道："你们退兵不退兵？不退兵现在就捅死你。"

楚太子吓坏了："退兵退兵我退兵，你先把刀子拿开。"于是双方缔结刀下之盟。条约规定，楚国先行后撤十五公里，让宋军表面上看起来不像是投降的样子。楚太子觉得这个条约可以接受，于是宋围乃解。

华元夜劫楚王的故事，成为永恒的绝响，此后再也没有像楚太子这样的憨厚对手了，未来时代的刺客，再也享受不到华元的待遇。

03 调戏王的女人

楚庄王，春秋五霸之一。

有一次，楚庄王于宫中举行宴会，并命令心爱的美姬出来，给臣属们敬酒。宴会持续了很长时间，忽然之间一阵风吹来，把照明的蜡烛吹熄，宴会上顿时一片漆黑。

黑暗之中，就听敬酒的美姬发出一声尖叫："大王，有人调戏我，我抓住他了，哎哟，我揪下他的帽带了，大王赶快点亮蜡烛，看看谁的帽带没

了，他就是趁黑调戏我的人！"

就听楚庄王沉声下令："现在我命令，所有喝酒的人，把你们的帽带，统统揪下来。"

少顷，楚庄王喝问："帽带都揪下来了吗？"众人回答："大王，都揪下来了。"于是楚庄王下令："好，现在可以点亮蜡烛了。"

蜡烛点起，所有人的帽带都被揪下来，这样就无法追查调戏美姬的那个人了。楚庄王解释道："今天被我请来的，都是国士，都是有尊严的人。但因为喝酒闹出了不名誉的事情，我无论如何也不能因此追究你。"

不久，楚庄王率师伐郑，有一名将军，骁勇善战，五次杀入敌营，斩获敌将首级。楚庄王大喜，问："这位将军，你叫什么名字？"

将军回答："大王，我就是上一次参加酒宴，被你的美姬揪下帽带的人。"

楚庄王哈哈大笑，说："人呐，知耻近乎勇。有耻辱感，敢于悔过的人，必然会做出勇敢的事情来。"

04 美女开创吴国

楚庄王称霸时代，郑国穆公的女儿嫁给陈国的夏御叔，史称夏姬。因为她与陈国君臣私通，引发内乱，楚国打着伸张正义的旗号，攻入陈国，俘虏了美女夏姬。

楚庄王一见夏姬，口水当即淌下，立即要封夏姬为妃，占有夏姬。

这时候大臣巫臣越众而出，大呼曰："不可以，君王你如果占有夏姬，就失去了主持公道的意义。"

楚太子也在一边说："巫臣说得对，父王，把夏姬给我当妃子吧，这样

更合适。"

巫臣大怒，斥责太子："不可以，你堂堂一国太子，垂涎一个女人，这妥当吗？"

楚太子不傻，明白巫臣在打什么主意，当即说道："好，我不要夏姬，但你巫臣也不能要。"

巫臣很生气地说："这说的是什么话，难道我巫臣是这样的人吗？"

最后的结果是，大家接受巫臣的建议，把夏姬送回了娘家郑国。此后不久，巫臣出使齐国，半路上绕了个弯，去郑国娶了夏姬。楚庄王得知，气得半死，立即下令杀掉巫臣全家。

巫臣愤怒了，说："我爱夏姬，这有什么错？如果爱也是错，那咱们就错上加错好了，不搞死你楚国，算我巫臣孬种！"

于是巫臣南下，绕到了楚国的后方。在那里，水泽山林之中，活跃着一支原始部落，其首领叫吴梦寿。吴梦寿正学习中原先进文化，打算创建一个吴国，可这么个国家怎么摆弄，万一楚国打来，又怎么应付，吴梦寿一头雾水。

此时巫臣到来，与吴梦寿达成合作协议，由他给草莽之众的吴国，派一支专家队伍来，帮助吴国建立起王国班子，同时训练吴国的军队使用马匹、战车、弓箭与长矛，让吴国大踏步地实现军事现代化，从背后搞死楚国。

就这样，夏姬以她那绝世的美貌、无可抵挡的诱惑力，主导了历史的走向，替楚国配备了一个强大的敌人。从此楚国陷入与吴国的消耗战中，再也无暇北上。

第三节
义烈复仇者

01 让国家灭亡好了

楚平王时代，国政混乱，荒淫无道，谋臣伍子胥的父亲和哥哥，都被楚平王借故杀害。同时楚王欲斩草除根，连伍子胥一并杀掉。

伍子胥过昭关，一夜愁白了头，逃过官吏追捕后，要去吴国借兵，发誓灭亡楚国。途中，被朋友申包胥拦住了。

申包胥劝伍子胥："国君无故杀你父兄，还要斩草除根杀掉你，这是国君的不对。但你因此要灭亡楚国，这也同样是错误的。希望你不要走极端，放弃这个想法。"

伍子胥怒道："一个随意杀害无辜者的国家，已经失去了存在的意义。这样的国家就让它灭亡好了，我绝不会放弃复仇意愿。"

申包胥说："伍子胥，你如此执迷不悟，我也无话可说。我知道你确有能力灭亡楚国，但我明确地告诉你，一旦你灭亡了楚国，我将矢志让楚国复兴。"

于是两人分道而行，伍子胥赴吴国，借兵打回来，轻而易举地灭亡了楚

国，并对楚平王鞭尸复仇。听到楚国灭亡的消息，申包胥立即赶到了秦国，请求秦国出兵，复兴楚国。秦王拒绝，于是申包胥就在秦廷之上，放声大哭。

申包胥不吃不喝，不眠不休，在秦庭大哭七日七夜，终于感动了秦王，说："这样的忠义之士，不帮他一把，未免太残忍了。"

于是秦国出兵干涉，保存了楚国。

伍子胥和申包胥这一对好兄弟，一个因仇灭国，一个矢志复国，而且他们都完成了自己的心愿。这就是春秋时代士的气魄。

02 孙武演兵

孙武，齐国人，来到吴国，向吴王阖闾进言兵法。

吴王说："你这东西，到底管不管用啊？要不让我后宫的妃子们，演习一下？"

孙武说："好。"

于是吴王把后宫的妃子们，全都叫出来，操练孙武的兵法。

孙武让吴王最宠爱的妃子充任将军，其余妃子们站齐列队，宣布说："军法无情，违令者斩。现在听我号令，向右转。"

妃子们看孙武满脸认真的模样，都觉得好玩，忍不住咭咭大笑起来，没人听从孙武的军令。

孙武道："你们不听军令，按律，两名队长应该杀掉。但也许是我没有讲清楚规则，现在我重申一下，所有人都要听从我的军令，违令者，斩。"

然后孙武再把小旗一挥："向右转。"

妃子们再一次咭咭笑了起来。

孙武道："不服从命令的妃子，不是好士兵。帮我把违抗军令的两名队

长，拖下去斩首。"

看到孙武要杀自己心爱的美人，吴王慌了神，急忙从台上下来阻止："不要这样，只是玩玩而已，怎么可以杀掉我的爱妃？"

孙武道："军令如山，不可视为儿戏。将在外，君命有所不受。"说话间，两名美女已经被拖下去斩首。

见孙武玩真的，其余妃子们顿时骇得魂不附体，孙武再发号施令，无人敢于违抗。

吴王说："寡人知道什么叫兵事了，就是不能任性，要认真。"

03 卧薪尝胆

两年后，吴国再次攻击越国，俘虏了越王勾践。

勾践甘心做夫差的奴隶，为夫差奉上中国排名第一的美女西施，还和自己的妻子一道给夫差驾车养马，甚至因关切夫差的健康，舐舐夫差的粪便。

吴王夫差认为勾践已经彻底臣服，就释放他回国。

勾践回去之后，就悬一枚苦胆在窗前，每天舔一口，并让人呵斥自己："勾践，你忘了亡国之耻吗？"然后自己流着泪回答："不敢忘，不敢忘，我一定要灭亡吴国，为国报仇。"

公元前482年，吴越再战，夫差兵败如山倒。夫差请求仿效当年吴国对越国的处置方式，让他去越国做奴隶，但勾践断然拒绝。

勾践说："从前，上天把越王国赐给你，可是你没有珍惜。所以上天转而把这个机会给了我，现在我要说，去死吧！"

夫差自杀，吴国灭亡。盛大的春秋时代，也就此终结。

第四章

烽烟中的战国

第四章

战国（前475年~前221年）

前445年~前396年，李悝在魏国实行变法。

前403年，赵魏韩三家分晋。

前356年，商鞅变法。

前353年，齐孙膑"围魏救赵"，桂陵之战大败魏国。

前341年，齐魏马陵之战，魏国大败。

前318年，楚、魏、韩、赵、燕五国联军进攻秦国，兵败函谷关。

前278年，屈原投汨罗江。

前260年，秦赵长平之战，40万赵军被坑杀。

前256年，东周灭亡。

前238年，秦王嬴政亲政。

前230年，秦灭韩。

前228年，秦灭赵。

前226年，秦灭燕。

前225年，秦灭魏。

前223年，秦灭楚。

前221年，秦灭齐，统一中国。

第一节

纵横风云

01 君子之泽，三世而斩

战国的大幕，在晋国拉开。早在春秋年间，晋国的士鞅，投奔到秦国。

秦国人问士鞅："依你看，晋国的大夫们，哪一家会先灭亡？"

士鞅回答："当然是栾氏最先灭亡。"

秦国人问："是因为栾氏奢侈无度吗？"

士鞅："没错。"

秦国人又问："那你认为栾氏何时会灭亡呢？会是现在吗？"

士鞅道："不会是现在，而是栾家的第三代人。"

秦国人问："何以见得？"

士鞅道："因为栾家的第一代人，艰苦创业，爱惜民众。民众心里有杆秤，对栾家第一代人是心怀感激的。现在掌权的是栾家第二代人，虽然第二代人奢侈无度，纸醉金迷，又残忍地虐待百姓，可是百姓仍然在心里怀念栾家的第一代人，不会有勇气反抗栾家的第二代。可是等到了栾家第三代掌权，他们也会像第二代一样，横行霸道，欺凌弱小。待民众对栾氏没有感情

只有仇恨，那时候民众就会反抗，彻底灭亡栾家的第三代。"

后来的历史，果如士鞅所言，到了栾家第三代人掌权时，民众起义，杀了栾家的人。这个故事，就留下了富家传承不过三代的典故。

02 被瓜分的晋国

春秋结束之时，晋国的大权由智伯把持。智伯强迫韩氏与魏氏与他合兵进攻赵氏，并掘开汾水，淹没了晋阳城。

赵氏灭亡在即，派人缒城而下，秘密来见韩氏与魏氏，说："智伯贪得无厌，性如豺虎。他能够掘汾水淹没晋阳城，也能够淹没你们的城池，难道你们不想消灭智伯，保全自身吗？"

韩魏两家，被赵氏说服。于是在一天夜里，赵氏突然大开城门，向智伯军杀来。与此同时，韩魏两家也自两翼发难，向智伯猛烈进攻。智伯措手不及，兵败身死。

智伯死后，赵韩魏三家就把晋国分了。这段历史，称为三家分晋。三家分晋，赵氏成为赵国，韩氏成为韩国，魏氏则成为魏国。

赵韩魏的东面，是齐国。北面，是燕国。南面，是楚国。西边，则是秦国。这样就形成了齐、楚、燕、韩、赵、魏、秦七雄并立的局面。这就是战国七雄。

03 暗算老同学

战国时代的智者鬼谷子有两个学生，一个是孙膑，另一个是庞涓。两人的军事天资都很高，但孙膑比庞涓更高。

庞涓最先下山，去了魏国，很快因为军事天资出众，受到魏王的重用。但庞涓心想，现在普天之下，比我更厉害的只有孙膑，如果能想个办法弄死孙膑，那我就是天下第一了。

于是庞涓就给孙膑写信，言称他会帮助孙膑在魏国谋职，请孙膑快来。

老同学召唤，孙膑兴高采烈地去了。不想他到了魏国后，庞涓却在魏王面前诬称孙膑欲对魏国不利。魏王大怒，下令对孙膑施以刖刑，挖去孙膑的膝盖骨。

庞涓再去见被抓起来的孙膑，哭着说幸亏自己帮同学说情，否则魏王必定会砍了孙膑的头。他假意照顾孙膑，让孙膑把兵书写出来，送给自己。

孙膑不知道自己被庞涓陷害，还很认真地给庞涓写兵书。但没过多久，他终于知道了真相，悲愤之下，就在齐国来使的帮助下，偷偷逃去了齐国，隐姓埋名，成为田忌府中的门客。

04 田忌赛马

孙膑到了齐国，成为田忌的门客。不久齐王与田忌赛马，双方的马分三个等级——上驷、中驷与下驷。齐王的马，每个等级都比田忌的好。这场比赛，田忌明显没有赢的希望。

但是孙膑指点田忌："如果你以上驷对大王的上驷，以中驷对大王的中驷，以下驷对大王的下驷，那你就要连输三场。但如果你以下驷对大王的上驷，输一场；以你的上驷对大王的中驷，赢一场；再以你的中驷对大王的下驷，又赢一场。这样二比一，你就赢了大王。"

田忌依言而行，以下驷对上驷，以上驷对中驷，以中驷对下驷，虽然输掉一场，但连赢两场。

齐王大惑不解：“咦，你的马，每个等级都不如我，怎么你反倒赢了呢？”

田忌回答：“大王，因为我得到智者相助，他的名字叫孙膑。他教我极高明的兵法，所以我才能够赢了大王。”

齐王立即让孙膑来见，并要拜孙膑为大将。孙膑回答说：“残疾之人，不适合做大将，还是让我做个参谋吧。”

于是孙膑留在齐国，密切关注着魏国庞涓的动向，等待着复仇时机。

05　围魏救赵

庞涓不知道孙膑逃到了齐国，还以为孙膑已经死掉了。因此他自以为天下无敌，于是要求率师出征，攻打赵国。

庞涓出马，兵困赵国都城邯郸。赵国果然不是他的对手，急忙向齐国求救。

齐王命田忌率师救赵，以孙膑为军师。

田忌打算立即杀向邯郸城，与庞涓决战。孙膑阻止说：“打仗跟赛马没区别，要始终以自己的优势力量，进攻敌人最薄弱的环节。现在魏军最薄弱的环节，就是国都大梁，不如杀奔大梁，围魏救赵。等庞涓回师援救大梁时，我们于途中伏兵击之。”

田忌采纳了孙膑的建议，围魏救赵。庞涓不得不从邯郸城下撤军，长途奔回救援自己的国都，行至桂陵，遭遇齐国伏兵，被打得大败。围魏救赵，从此成为历史上不朽的战例。

十年后，齐国与魏国再次交战，魏国这边的大将仍然是庞涓，齐国那边的大将也仍然是田忌和孙膑。

这一次，孙膑建议："战争嘛，需要不断地散布错误的信息，迷惑敌军，诱其做出错误的判断。所以我建议，咱们这次采用减灶计，行军时每天减少一定数量的灶火，给庞涓一种错觉，好像我们的士兵全都逃走了，越逃我们这边人越少，庞涓就会急于求胜，轻师险入，然后我们再打他一个小伏击。"

田忌采用孙膑的建议，不与庞涓交战，率军疾走，每天减少一定数量的灶火。庞涓一边追，一边认真地数齐军的灶数，发现齐军的灶数越来越少，顿时大喜，说："齐军的士兵，快要逃光了。我们赶紧轻师急追，活捉他们的统帅，那咱们就大获全胜了。"

于是庞涓只率了小股精兵，飞速追赶。追到马陵道，天色已黑，庞涓发现前面有棵树，树干上好像写着什么字。庞涓命士兵点起火把，仔细一看，只见树干上写着：庞涓死于此树之下。庞涓大骇，急叫快撤，已来不及。只听四周喊声大震，埋伏于两侧的齐军万箭齐发。庞涓叹息道："我没脸再见老同学孙膑了。"说完，仗剑自刎。

06 纸上谈兵

赵奢，是赵国的名将。对于兵法军事，他有着自己独特的见解。

但是，赵奢的儿子赵括，谈论起兵法军事，比父亲水平更高。不仅父亲赵奢说不过他，整个赵国，也找不到能和赵括论战的对手。

见此情形，许多人都认为赵括的军事能力比父亲赵奢更高。只有赵奢知道不是这么回事，他苦心开导赵括："儿子哟，战争这种事情，是非常残酷的，比的可不是谁嘴皮子更快。你要是再以这样轻佻的态度对待战争，会很危险的。"

"知道啦知道啦。"赵括很不耐烦，根本听不进父亲的教诲。

赵奢死后，秦国与赵国战于长平，赵国老将廉颇坚守不出，让秦兵无计可施。于是秦国派出间谍，潜入赵国都城邯郸，散布流言说："咱们赵国，最厉害的名将就是赵括了，如果赵括统兵，早就打败秦兵了……"

赵王耳根子软，也不懂军事，听到传言，就命令用赵括换下大将廉颇。

听到这个消息，赵括的母亲急忙去见赵王，说："大王，我儿子赵括，嘴皮子厉害，人人就以为他是难得的将才。其实他根本不懂军事，只是会抬杠辩论而已。大王您可千万别派他上战场啊。"

赵王不爱听这话："战争这种事，你们女人家懂什么？秦兵都怕死赵括了，偏你这个做母亲的，却不肯相信自己的儿子。"

赵母无奈，只好说："大王如果一定要派赵括统兵，我只有一个请求。如果赵括打了败仗，请不要追究我们家属的责任。"

赵王不耐烦地说："知道了知道了，快下去吧。"

于是赵国以赵括换下名将廉颇。赵括掌握兵权，就立即向秦兵发起进攻，结果遭到秦兵的伏击，赵括本人被秦兵乱箭射死，他所统率的四十万大军，被秦兵俘虏后，统统坑杀。

长平之战，四十万壮年男子一去不返，赵国的国力受到重创，再也无力阻遏秦兵的东进。而华而不实的赵括，从此留给后人一个悲哀的成语——纸上谈兵，以此来形容那些只能说、不能做的人。

07 舌战天下

苏秦，是战国年间的著名辩士。他是周人，年轻时就雄心勃勃，想凭自己的口才赢取功名。于是他周游列国，却不料才学不足，碰了一鼻子灰，黯

然而归。

回来后，家人都不理睬他，嫂子不但对他冷冷冰冰，还百般嘲讽。于是苏秦咬牙发奋，将头悬梁，以锥刺骨，点灯熬夜刻苦读书。终于读成，他再次出门游说，果然立竿见影，列国纷纷拜服在他的口才之下。他身佩六个国家的相印，所到之处，随行者众。于是他得意扬扬，回到家里。

这次回来，家人全都恭敬相迎，以前待他冷漠的嫂子，也跪出来迎接。

苏秦故意问："嫂嫂，何以你以前待我冷冰冰，这次却如此恭敬呢？"

嫂子回答："我恭敬，是因为你有权有势啊。"

苏秦感叹道："在权势中迷失了自我的，何止是嫂嫂，也包括了我苏秦啊。"

08　千金市骨

战国年间，燕昭王问谋臣郭隗："如何才能使国家强盛？"

郭隗回答："上古最贤明的三皇五帝，将有智慧的大臣，视为老师。最有德行的君主，将有智慧的大臣，视为朋友。强大的霸主，将有智慧的大臣，视为宾客。而亡国之君，则是将大臣视为罪囚，随意打杀。国君想得到什么结果，就看国君如何选择了。"

燕王道："很有道理，寡人倒是愿意视有才干的大臣为师，不过嘛，这天下好像没哪个大臣有真才实学的。"

郭隗道："大王可曾听说过千金市骨？如果大王真的想得到千里马，那就必须拿出诚意，必须愿意为千里马的骨头花费千金。老臣不才，愿意充当千里马的骨头，为天下读书人开道。"

燕王道："明白了。"

于是燕王筑起高台，以盛大的礼节，拜郭隗为师。消息传出后，天下都知道燕王求才若渴，于是有才干的人，不惜千里远行，纷纷来到燕国。一时之间，燕国空前强大，雄霸北方。

09 精妙的黄老之术

战国年间，楚国的太子在齐国做人质。后来楚怀王死了，太子就请求齐闵王放他回去。齐闵王却刁难他，说："除非你肯割让五百里地给寡人，否则寡人就不放你走。"

太子就问自己的老师慎子，慎子说："齐王要地，那就答应他。"

于是太子答应了齐王，终于获得机会回国。回来后太子继位，史称楚襄王。齐闵王派来使者，索要他答应的五百里地。楚襄王急忙找老师慎子，说："寡人虽然答应了齐王割让土地，但心中实在是不情愿，这种情况如何处理才妥当？"

慎子说："为何不同臣子们商量呢？"

于是楚襄王召集大臣，商量此事。

大臣子良说："应该割让土地给齐国，因为这是我们答应人家的。土地不重要，信用比天大。失去土地没关系，但如果失去信用，外不能与邻国处好关系，内不能让民众信服，后患太大，所以应该割让土地。"

大臣昭常说："我反对，土地是一个国家的根本，是民众栖息之所。失去土地，国家又有什么意义？"

大臣景鲤说："割不割让土地，并不重要，重要的是大王内心不愿意割让。所以事情演变起来，我国必与齐国发生冲突，看来是需要向秦国请求援助的时候了。"

听完三位大臣的意见，楚襄王扭头问慎子："老师，他们三人的建议，寡人该听谁的呢？"

慎子说："都要听，每个建议都要做到。"

楚襄王吃惊地问："这话怎么解释？"

慎子回答："很简单，你派主张割地的子良带着地图去齐国割让土地。你既然答应了人家，当然要说话算数。然后再派反对割地的大臣昭常去守护你割让的土地。他既然坚持维护国土完整，当然不会执行割让土地的协议。这样的话，齐国必然会出兵攻打。所以你还要派主张向秦国求援的大臣景鲤去秦国请求救兵，这样就可以击退齐兵了。"

楚襄王大喜，立即命令三名大臣各自按照自己的主张行事。

大臣子良带地图去了齐国，诚恳地割地。齐闵王大喜，就派官员来接收。不料齐国官员来了，都被守城的大臣昭常给打跑了。齐闵王大怒，就派军队来攻打昭常。却不料景鲤已从秦国搬来救兵，齐闵王无奈，只好快快退兵。虽然他没得到楚王答应的土地，却无法责怪楚王违约，只能干吃哑巴亏。

这就是慎子的智慧，是中国人最熟悉的黄老之术，特点就是顺应每个人的态度与性格，让事情自然发展。最后的结果是无为而无不为，不需要费多大的心思，就取得了满意的结果。

10 屈原与粽子

屈原，伟大的爱国主义诗人，楚国人。因为楚王昏庸，群小蒙蔽，屈原郁郁而不得志，为表清白，于五月初五自投汨罗江。

屈原死后，楚人哀之。每年五月初五，当地百姓就以竹筒贮米，投入江中，以祭祀屈原英魂。这个仪式从战国一直持续到东汉年间，始终未曾断绝。

东汉建武年间，长沙有个叫区曲的人，白日里正行走在路上，忽然见到一个奇怪的人，穿着古代的长袍，束着高冠，对他说："我是三闾大夫屈原，在战国年间投江而死，此地百姓每年祭祀我，向江中投入贮藏了米的竹筒，我很感激。但是，近些年来，江里出来了许多蛟龙，它们的胃口极大，把百姓投入江中的贮米竹筒，统统吃光了。幸好蛟龙这些野生物种，最害怕的是用彩色丝线缠裹的楝树叶。如果今年投入江中的贮米竹筒，用彩线楝树叶缠裹的话，蛟龙就无计可施了。"

区曲听后，到了五月初五祭祀屈原时，就用彩线楝树叶缠裹贮米竹筒。当地百姓见到了，纷纷效仿。于是这种由彩线楝树叶包裹的特殊食物，被当地人称为粽子，伴随着汨罗遗风，百世流传。

第二节

商鞅和他的时代

01 商鞅出世

商鞅，是卫国公子，为了寻求更大的发展空间，他去了魏国。

魏相公叔痤发现商鞅是难得的人才，就立即入宫，向魏惠王推荐商鞅。

魏惠王听了，连连摇头。魏惠王对国家强盛不感兴趣，对人才也不感兴趣。见此情景，公叔痤就说道："大王，如果你不肯重用商鞅，那就必须杀了他。无论哪个国家得到他，对我们魏国，都意味着恐怖的大灾难。"

"啊，有这事啊？"魏惠王说，"好，那咱们就杀了他，肯定杀。"

公叔痤退下，回来找商鞅，对他说："我这个人呢，讲究个光明磊落，对国家忠，对朋友诚。刚才我建议国君重用你，被拒绝了。然后我劝国君杀你。劝国君杀你，这是忠于国。现在我要对朋友尽到诚，尽到义，劝你马上逃走，逃得越远越好。"

听了公叔痤的话，商鞅哈哈大笑起来，说："既然国君不肯听你的话用我，又怎么会听你的话杀我呢？放心，我不会有事的。"

果然，魏惠王对公叔痤说要杀商鞅，只是随便应付一句，他根本意识不

到商鞅的价值。结果不久，商鞅去了秦国，受到重用率兵打来，把魏国打得大败，这时候魏惠王才懊悔未听公叔痤之言。

02 霸道之行

商鞅听说秦国正在张榜求贤，就立即赶到秦国，他找到秦孝公的心腹景监，请景监引荐他见秦君。

见到秦孝公之后，商鞅口若悬河，开始讲述他的理论。正讲得起劲，忽听鼾声如雷，仔细一看，原来秦孝公已经睡着了。秦孝公睡醒，责怪景监说："你带来个什么人呢？竟然把人家讲得睡着了，太不像话了！"

景监出来，责怪商鞅。商鞅听了哈哈大笑，说："我今天讲的，是圣人之道，国君一听就睡着了，这证明国君不是圣人的人选。没关系，等下次，下次咱们讲王道，说不定会有效。"

隔几天，景监再引商鞅来见。商鞅开始对秦孝公讲王道，秦孝公哈欠连天，昏昏沉沉，说："拜托，能不能讲点让人听进去的话？能不能？合着让你入宫，是给人家催眠来了？"

景监出来，又责怪商鞅。商鞅说："不要急，大王不爱听帝道王道没关系，咱们不是还有霸道吗？等下次，咱们开讲霸道。"

第三次，当商鞅讲霸道之术时，秦孝公就立即被吸引住了。他一边认真地听，一边不知不觉地身体前倾。当时的人们是跪坐于榻席上的，为了听得仔细点，秦孝公一点一点往前挪，一直凑到了商鞅的面前。

听完之后，秦孝公激动地说："太好了，霸道好，我就喜欢霸道！"

霸道肇始，商鞅变法，就这样拉开帷幕。霸道治国，如一剂猛药，容易见效，但难以持久，所以秦国能够迅速强大崛起，并一统天下。但只传二世而灭亡，就是因为秦人急功近利。

第五章

第五章

智慧如喷泉狂涌

诸子

老子（前571年~前471年）
道家学派创始人，有《道德经》传世。

孔子（前551年~前479年）
儒家学派创始人，晚年删定六经，门人弟子编著有记载孔子及其弟子言行的《论语》。

孙子（约前545年~前470年）
兵家学派创始人，有《孙子兵法》传世。

墨子（前476年~前390年）
墨家学派创始人，有《墨子》传世。

李悝（前455年~前395年）
法家学派代表人物，其著作《法经》已失传。

惠施（约前370年~前310年）
名家学派创始人。

邹衍（生卒年不详）
阴阳家学派创始人。

苏秦（？~前284年）
纵横家学派代表人物。

吕不韦（前292年~前235年）
杂家学派代表人物，有《吕氏春秋》传世。

许行（约前372年~前289年）
农家学派创始人。

屈原（前340年~前278年）
留下伟大著作《离骚》。

万世宗师

01 百家之说

　　春秋战国时代，诸子百家争鸣，是中国历史上空前的智慧大爆炸，经过漫长的历史承传，目前只有十一家尚有记录残存：

　　诸子第一家：儒家，创始人孔子。

　　诸子第二家：道家，创始人老子。

　　诸子第三家：墨家，创始人墨翟。

　　诸子第四家：法家，主要人物李悝。

　　诸子第五家：名家，创始人惠施。

　　诸子第六家：兵家，创始人孙子。

　　诸子第七家：阴阳家，创始人邹衍。

　　诸子第八家：纵横家，主要人物苏秦。

　　诸子第九家：杂家，主要人物吕不韦。

　　诸子第十家：农家，创始人许行。

　　诸子第十一家：小说家，主要人物屈原。

02 善行必赏

春秋时，由于频繁的战争，许多鲁国人流落于外，沦为奴隶。但如果有人付钱的话，也有可能替这些奴隶赎回自由。所以，鲁国的法令规定，凡是鲁国人做了诸侯的奴隶，能够将他们赎回的人，可以从官方的库府拿回赎金。这条法令，是鼓励大家踊跃赎回那些沦为奴隶的鲁国人。

孔子的弟子子贡，是当时天下巨富，他在诸侯国遇到沦为奴隶的鲁国人，就将这些人赎回，却不肯接受鲁国支付的赎金。

孔子知道这事后，批评了子贡。

孔子说："真正的善行，是能够带动一种好的社会规范，让每个人都效法，而不是只让自己表现出高风亮节。你以为你不拿回赎金是高尚之举吗？错！你是有钱人，但更多的人没有多少钱，你开创了赎回奴隶却不拿回赎金的规则，那些没多少钱的人就无法效法。如果只赎奴隶却不拿回赎金的风气流行开来，就没多少人肯赎回那些奴隶了。行善之人必须要得到回报，否则就没人肯做善事了。"

没过多久，孔子的学生子路，救了一个落水的人，那个人感谢子路，就把自己的牛送给了子路，子路收下了。

孔子听到这件事，大加赞赏，说："子路这件事做得好，做了善事而获得回报，以后必定会有很多人勇于拯救那些落水的人。"

03 孔子门下

孔子门下，七十二贤人，个个都有不凡的本事。最有名的就是子贡，他富可敌国，舌战无敌，几句话就能掀起满天风云，搅动周天寒彻。但有一

次，辩才无敌的子贡，遇到了对手。

事情发生在孔子出游的途中。孔子的马吃了路边的庄稼，农人很生气，捉住马儿并扣留。发现遇到麻烦，子贡大喜，立即冲上前来，与农人展开舌战。他口若悬河滔滔不绝，说得天花乱坠顽石点头。没想到农人压根就听不懂，懒得搭理。

子贡灰头土脸，无功而返。孔子哈哈大笑道："子贡啊，你这个笨蛋，说话要看对象的。用别人听不懂的道理去说服他，就好比请野兽享用精美的食物，又好比让鸟儿听音乐——总之一句话，对牛勿弹琴。"

笑话过了贡后，孔了对马夫说："这事，你去一趟吧。"

于是马夫去找农人，说："你不在东海耕作，我不在西天跑马，我们俩碰上是理所当然的事儿，两地的庄稼长得一个模样，马儿又怎么知道该不该吃呢？"

农人听了，说："你说得有理。"随后，农人把马还了回来。

04 孔子如何灭火

春秋年间，鲁国人放火烧荒，正遇到刮北风，火势失去控制，迅速向鲁国全境蔓延而来。鲁哀公慌了神，立即号召所有的鲁国人全都行动起来，快一点扑灭山火。

老百姓果然行动起来，但所有的百姓，都跑来追逐被野火烧出来的野兽，却没有人去救火。鲁哀公无奈，就询问孔子："先生啊，老百姓被动员起来了，却不积极救火，这可咋办呢？"

孔子问："国君啊，你可曾想过，百姓为什么不肯救火，只追野兽呢？"

"为什么呢？"鲁哀公问。

孔子解释说："因为追逐野兽，既舒服又安全，还不会受到责罚。而真正去救火，却有可能面临危险，又没有奖励，所以百姓才不肯救火呀。"

鲁哀公道："可是先生，如果奖励救火的人，这么多人参与救火，只怕国家的钱，根本不够用的。"

孔子道："奖励的资源不足，那就只能采用临时性的惩罚了。"

鲁哀公道："明白了。"于是宣布道："凡是不参加救火的人，按战前投敌论处。凡是追逐野兽的人，一律按触犯刑律严惩。"

命令下达后，所有鲁国人全都参加到救火中来，火势很快就被控制住了。

05 孟母三迁

孟子小时候在墓地附近居住，于是小孟子就每天学着上坟的人跪拜哭嚎。孟子母亲看到这情形，说："不可以让孩子居住在这样的地方。"

于是孟母搬家，搬到了集市附近。小孟子很快就学着菜贩的样子，吆喝着做买卖。孟母说："这个地方，也不利于教育孩子。"

于是孟母第二次搬家，搬到了屠宰场附近。很快，小孟子就学会了撸起袖子，杀猪宰羊。孟母说："这也不是我希望的，还要继续搬。"

孟母三迁，搬到了学校附近。小孟子很快学会了与人礼貌相待。孟母满意地说："这里，才是孩子应该居住的地方。"

孟母是位懂教育心理学的伟大女性，她知道环境对人的影响重大，所以三次搬家，为小孟子提供了一个良好的学习环境，而孟子最终成为仅次于孔子的亚圣。

06 五十步笑百步

战国年间，孟子见梁惠王。

梁惠王问："先生啊，我费心尽力治国，爱护百姓，可是百姓为什么不感谢我呢？"

孟子说："大王，听我给你讲个故事吧。有两个士兵，参加战斗，遭遇了败仗，就转身逃跑。一个士兵逃出百步之远，另一个士兵逃出五十步之远。结果，逃出五十步的士兵，就嘲笑逃出百步的士兵贪生怕死。大王你认为，以五十步笑百步，对还是不对呢？"

梁惠王说："当然不对。"

孟子说："不对就对了。大王你口口声声说爱护百姓，却喜欢发起战争，和那些残暴的君王相比，你不过是五十步笑百步而已。百姓心里有杆秤，怎么可能会上你的当呢？"

第二节
大道至简

01 紫气东来

公元前484年，一个老人骑着青牛，西行到了秦国的大散关。守关的关令叫尹喜，他认出了这个老人，就叫道："老聃先生，早晨我见到紫气东来，就知道有智者要路过这里。早听说你老人家要避世隐居，可否在离开之前，留下几句话给我们？"

于是，那位叫老聃的老人，就在大散关执笔写了篇五千字的短文，名字叫《道德经》，然后老人掷笔出关，不知所踪。

这就是老子及其《道德经》之由来。

《道德经》这部书，说的到底是什么？

"道德经"的"道"字，大致可以说是规律的意思；"德"字大致可以说是运行或表现的意思；"经"字可以解释为原理或法则。那么"道德经"的意思就是：规律运行的法则，或是规律表现的法则，或是规律运行的原理——无论什么规律，都是遵循这些法则或原理运行的。

02 以柔克刚

老子的学问，是他的老师常枞教导给他的。曾经有一次，常枞突然张开嘴巴，问老子："我的舌头还在吗？"老子说："在。"常枞再问："那我的牙齿还在吗？"老子回答："不在了。"于是常枞说道："舌以柔则存，齿以刚而折，天下之事的道理，尽在其中，我已经没有什么可以告诉你的了。"

于是老子体悟出"柔弱者善存、刚强者易折"这个道理，这个道理的推演，就是清静无为。

如果把老子的"无为"，理解成不要作为的意思，就是生吞活剥了老子原话而产生的错误。"无为"的原意，是无违，并非不要作为，而是不要违背规律而强行抬杠，是说要顺应规律的发展来做事，那样才会事半而功倍。

03 御风而行

庄子，战国时代道家著名学者，他隐于乡野，不求富贵。楚威王听说了他的名字，就派使者带着厚礼，迎请他去做相国。

庄子笑着对使者说："你可曾听说过祭祀用的牛？它们吃着最鲜嫩的草，饮用最干净的水，养得皮毛光滑膘肥体壮，又不需要下田劳动，看起来幸福无比。可到了祭祀时日，它们被人牵出来，扑哧一刀，捅倒放翻。这时候的牛，最渴望的就是无拘无束的荒野生活，可是为时已晚，一切都来不及了。"

最后庄子说："功名富贵，不过是死亡的诱饵。请你带着这些诱饵走开吧，就让我像只乌龟一样，终日在烂泥塘里打滚嬉戏。这样的自由自在，岂

是那些为求富贵不惜丢掉性命的人，能够想象得到的呢？"

04　子非鱼

　　庄子与战国时代的另一位学者惠施，游于濠梁之上。

　　庄子说："你看这池中的游鱼，多么快乐啊。"

　　惠施说："你不是鱼，怎么知道鱼儿是否快乐呢？"

　　庄子说："你不是我，怎么知道我不知道鱼儿的快乐呢？"

　　惠施说："我不是你，当然不了解你的心。但你也不是鱼，所以你也不可能知道鱼儿是否快乐。"

　　庄子笑道："让我们回到谈话的开头。刚才你问我：'你是从哪儿知道鱼儿是快乐的？'这说明你是在已经知道我知道鱼儿快乐的情况下，才询问我的。现在我来告诉你，我是在濠水的岸边，知道鱼儿快乐的。"

05　庄周梦蝶

　　有一次，庄子在外边游玩，陶醉于美景，不知不觉睡着了。睡梦中，他振翅而起，发现自己是只美丽的蝴蝶，在田野间翩翩起舞。这只蝴蝶，只知道花香和轻风，不知道世上有个叫庄周的人，更不知道自己只是庄周的一个梦境。

　　不久，庄周从梦境中醒来，顿时陷入恍惚之中："我庄周，是否不过是一只蝴蝶的幻梦？我以为自己存在，实际上一切不过是个幻影呢？"

　　庄周梦蝶，是中国人最伟大的智慧贡献。它披露的是人类对这个世界的认知：我们的世界，是真实的吗？还是我们的感受，不过是更高层级生命的

输入设计?

06 远水不解近渴

庄子家里的米吃完了，就去找监河侯借米。

监河侯说："借点米，这是小事，不急不急，等我把封地的租赋收上来后，就立即付你三百金。怎么样？你借点米，我大手笔给你三百金，是不是很够朋友？"

庄子说："你听我给你讲件事。我来的路上，听到有呼喊救命的声音，循声找去，发现干涸的车辙中，有条鱼眼看要干死了，正冲我喊救命。我问鱼儿：'鱼儿鱼儿，你要我如何救你？'鱼儿回答：'求求你，我快要干死了。请给我一升半斗的水，让我活命。'我回答说：'不急不急，鱼儿呀，救命这事呢，要有大手笔，不能太小气。这样吧，你等我去南方，找吴国越国的君王，说服他们开凿西江之水，来迎接你，你看怎么样？'鱼儿听了，悲愤地说：'乱扯，我只需一升半斗的水，就能活命，你居然说什么开凿西江之水，那你还不如去卖鱼干的摊子上找我呢！'"

监河侯听了，哈哈大笑，问："庄周呀，你讲的故事真好玩，是什么意思呀？"

庄周说："意思是说，想借就借，不借少装朋友。"

第三节
墨家绝世，诸家纷呈

01 墨子斗鲁班

墨家流派也和儒家一样，门徒数目庞大，但比儒家更胜一筹的是，墨家的门徒有严密的组织，并分成森严的等级体系。加入这一学派的人，必须要以博爱、和平为宗旨，过着简朴甚至是苦修的生活，学习各种战争技巧，并参加到实际的战斗中去。只不过，墨子讲非攻，墨门信徒只守不攻，不参加任何侵略性战争。

曾经有一次，楚国得到了科学家公输般的协助，制造了云梯，准备攻取宋国。当时墨子正在鲁国访问，听说了这个消息，他立即从曲阜出发，十天就到了楚都，点名挑战公输般。

公输般就是传说中的鲁班，中国历史上最伟大的发明家。他是墨子的老对手了，因为墨子也精通木工机械，在此之前，两人已经有过两次交手的记录。

第一次，公输般发明了钩钜。水战时如果敌方弱小，可以把敌人钩过来打；如果敌人强大，又可以把敌人推开，避免挨打。事后公输般向墨子炫

耀，不料墨子却说："我也有钩钜，我用爱来钩住人，用恭敬来拒绝人。我的钩钜，未必差于你。"这个回答，让公输般感觉很没趣。

又有一次，公输般发明了一只木头鸟儿，可以在天上飞行三天三夜。公输般兴奋地拿给墨子看，不想墨子却冷冰冰地说："弄这没用的东西，还不如制作一支车辖，安装在车轴上，可以载重五十石。你这东西吃不能吃喝不能喝，有个屁用。"这个回答，又让公输般好不恼火。

这一次墨子来了，他见到公输般，就说："喂，我正在找你，帮个小忙呗。"

公输般问："要我帮什么忙呀？"

墨子说："北方有个人，竟然敢瞧不起我，你替我杀了他如何？"

公输般很生气，说："我不杀人。"

墨子说："那就奇怪了，你不杀人，造云梯干什么？云梯难道不是用来杀人的吗？你不是不杀人，是没少杀人吧？"

公输般说："那这事……可是云梯已经造出来了，要不你跟楚王说去吧。"

于是墨子面见楚王，说："有这么个人，他穿着华丽的衣服，吃着精美的食物，却想偷邻居家的糟糠和破衣，请问这人是怎么回事呢？"

楚王说："这个人，莫非有偷窃癖吧？"

于是墨子说："楚国与宋国相比，国家富裕，山川美丽，却要去攻打民穷地贫的宋国。大王的表现，跟那个偷窃癖有区别吗？"

楚王说："你说得太好了，不过很抱歉，云梯已经造出来了，所以这个宋国，是必须要攻打的。"

墨子说："有云梯也未必能赢，不信让我和公输般较量一下。"

于是墨子和公输般就在楚王面前展开较量，公输般进攻，墨子防守。

公输般用了九种方法进攻，都被墨子轻易化解。最后公输般笑了，说："哈哈，我知道怎么战胜你了，但是我不说。"

墨子也道："哈哈，我知道你的办法是什么，我也不说。"

楚王听不明白，就问："你们俩在打什么哑谜呀？"

墨子解释说："公输般的办法，不过是杀掉我而已。但杀掉我也没用，因为我的弟子禽滑厘，已经带了三百门人入宋国助阵，恐怕你们最终也是攻不下来的。"

于是，楚王宣布取消这次军事行动。而墨子成功完成任务，长松了一口气，返回宋国。眼看就到国都大门了，突然间下起了暴雨，墨子急忙奔到城楼门洞下，想避避雨。不料想守门的士兵看到他，大声呵斥道："门楼里那个人，滚出去！不许躲在下面。"

墨子恳求道："雨下得这么大，就让我避一会儿吧。"

士兵毫不通融："滚，浇死你活该！再不滚就不客气了。"

墨子一声不吭，走到雨地里，任凭暴雨浇过脸颊。墨者的追求就是这样，不问付出，不求回报，纵然千般委屈，也无怨无悔。

02 墨家绝世

墨家有着严密的组织，严格的纪律，其首领被称为巨子。下代巨子由上代巨子精心选拔贤者担任，代代相传。墨门中人必须要服从巨子的指令，必须要以生命捍卫墨家学派的政治主张，以身殉道。能够加入墨门的学者，必须要有置生死于度外的信念。

墨子的门派，直到战国年间还在巨子的带领下，参与到列国争雄之中。公元前381年，正在楚国的墨门巨子孟胜，替阳城君守城。

不料大军攻来，欲夺此城。守城的墨门之人，陷入绝境。

墨门弟子徐弱认为，守护这座城毫无意义，而且会导致墨门徒众全部死在这里，绝墨者于世。但是巨子孟胜认为，如果不死，恐怕日后也没人再相信墨者。不履行使命的墨门弟子，活着才是真正失去意义。

于是墨家弟子全部登城，与敌军展开血战。最终，墨门最后的一百八十名门人，全部战死于阳城。从此墨门失其传承，独存高义于世。

03 不死之药

韩非子，是韩国的公子，战国年间最优秀的学者。他曾经讲过一个故事：

有人来到楚国，要向楚王献上不死之药。王宫的守卫就问："这不死之药，是口服的吗？"

献药人回答："是口服的。"

守卫说："那我尝尝是什么味道。"他把药抓过来，一口给吞掉了。

献药人大喊："报告大王，这个护卫把我献来的不死之药，全给吃掉了，大王你没得吃了。"

楚王大怒，命人把守卫推出去杀掉，守卫就放声大笑。

楚王怒问："你笑什么？"

守卫说："我笑这个药不灵，是假药。"

献药人急了："胡说，我的不死之药绝对灵验，你是在诋毁我。"

守卫说："如果这个药真的灵，那我吃后应该不会死。可是现在大王要杀我，说明这个药根本不是不死之药，而是必死药，吃了就会被杀掉。"

"呃，这个……"楚王糊涂了，"那算了，不要杀守卫了，这个药恐怕

真的不灵。"

韩非子讲这个故事，是说治理国家，最忌讳使用概念含糊的多义词，那样会让人陷入口舌之争，国家也会因此混乱不堪。

04 逃离奸佞

韩非子讲故事，说晋国的中行文子一度受到国君宠信，但后来失宠了，害怕被杀而出逃。

中行文子逃到一座县城，随从说："这里的官员是你的好朋友，我们去他那里避难吧。"

中行文子说："不可以，昔日我得势之时，这个官员送我厚礼。我喜欢音乐，他送我古琴；我喜欢美玉，他送我玉环。他送我这些礼物，都是为了助长我的过失，让我高兴而失去原则。这就表明他不是一个可靠的人，所以我们最好快点逃。"

于是，中行文子火速逃离。果然，那个在他得势时不断送礼物的官员，率众追了出来，抓住了中行文子落后的两辆车，给国君送去了。

韩非子这个故事告诉我们，真正的友情，是相互关心，相互爱护。如果遇到故意助长你的过失的人，一定要远离他。

第四节
医行天下

01 扁鹊传奇

战国名医扁鹊，姓秦，名缓，字越人。

扁鹊年轻时，在一户贵族家里管理客馆。有个叫长桑君的人，经常来客馆。客馆的人很厌恶他，只有扁鹊对长桑君恭敬有加，照顾周到。就这样，长桑君来这家客馆有十多年了，每一次扁鹊都关切地照料他。忽然有一天，长桑君叫扁鹊坐在自己身边，低声说："我有秘传的医方，想送给你，你不要泄露出去。"

扁鹊答应了，得到长桑君的医方之后，他开始逐步实践，巡诊列国，其医术很快就达到了炉火纯青的境界。

扁鹊巡诊，各科皆精。赵国重视妇女，他就在赵国做妇科医生。到了周都洛阳，这里重视老人，他就开五官科。到了咸阳，这里重视儿童，他就开儿科。扁鹊一生，济世救人，随俗而变，是精通各种疑难杂症的全科医生。

02 扁鹊兄弟

有一次，魏文侯问扁鹊："听说你们家兄弟三人都精于医术，谁的医术最好呢？"

扁鹊说："我大哥医术最精，所以默默无闻，甚至被人斥为骗子。我二哥医术比大哥略差，所以在当地还有点名气，但名气不大，人们普遍认为他不过是个庸医。我的水平最差，所以天下知名，人称神医。"

魏文侯道："你的话好难理解，能解释一下吗？"

扁鹊道："我大哥替人治病，是在病情发作之前，连病人都没感觉到自己有病，大哥就下药除了病根。但因为病人根本不认为自己有病，所以不承认我大哥治好了他。我二哥替人治病，是在病情刚刚发作，还不严重时，就把病人治好，所以病人认为我二哥只能治小病。而我替人诊治，是患者病情严重，甚至病入膏肓时，才下猛药治病，所以病人盛赞我是神医。但实际上，真正的神医是我大哥，只因为他替病人防患于未然，所以反倒不被承认。"

魏文侯听了，恍然大悟："治病如此，治国如此，为人处世，也是这样的道理。真正的智慧，其实是不显山不露水。反倒是许多所谓轰轰烈烈的人生，不过是矫正自己的错误罢了。"

第五节
财富智慧

01 陶朱公的奇异思维

范蠡居住在陶地，人称陶朱公。

他是一个经营天才，做生意没几年，就发了大财，他说："我不求财，财自己来，这不是什么好事。"于是他散尽家财，重新白手起家，但不久又富可敌国。他又一次散尽家财，但没多久再次富比王侯。

就这样，陶朱公三次散尽家财，但始终无法让自己贫困。他不求财却总是财富满门，是因为他的思维，与普通人不一样。

陶朱公的大儿子，从小跟着他创业，是个非常懂事的孩子。三儿子生在富贵之中，衣来伸手，饭来张口，是个典型的纨绔子弟。而他的二儿子，却在楚国因杀人而入狱。

于是陶朱公说："我要派人去把二儿子捞出来。"

派谁好呢？

陶朱公把游手好闲的三儿子叫来："你去一趟楚国吧，把你哥哥带回来。"

听到陶朱公的吩咐，大儿子震惊了，他说："父亲，三弟只懂吃喝，不务正业，你派他去，肯定会误事的。请父亲收回成命，让我去救二弟吧。"

陶朱公笑道："老大呀，这事你去不行，必须得你弟弟去。"

"什么？"老大见父亲不让自己去，登时就急了，赌气说，"如果不派我去，我就一头撞死在这里。"这时候家里人也都来劝陶朱公："这么大的事情，肯定应该派老大去呀，老三他根本没有能力解决问题，你还是改变主意吧。"

陶朱公无奈地说："老大呀，爹可以派你去，但你带回来的，肯定是你二弟的尸体。"

"不可能！"老大说什么也不相信，"爹你说吧，我去楚国后，应该怎么做？"

"很简单。"陶朱公道，"我给你一千两黄金，你去了之后，找我的老朋友庄生，把黄金给他。然后你听他的话，他让你做什么，你就做什么好了。"

老大出发了，到了楚国打听庄生的下落。找到之后，很是失望。庄生竟然是个落魄潦倒、家徒四壁的书呆子。老大不想把黄金留给他，但又不敢违背父亲的命令，就硬着头皮，把黄金给了庄生。

庄生大咧咧地收下黄金，说："你现在马上走，回家去，一天也不要再在楚国待。"

老大点头道："好，都听你的。"从庄生家里出来，他扭头呸了一声："这个庄生，多半是个骗子。拿了我家的黄金，又救不出弟弟，所以才想把我骗走，休想！"

老大留下来没走，他到处寻找达官贵人，想救出二弟。有个贵官对他说："你不用托人找关系了，听说了没有，楚王要大赦天下，你弟弟很快就

会被释放的。"

这真的是个好消息，老大欢欣鼓舞。忽然间，他想起来放在庄生家里的一千两黄金："哎呀，人家楚王大赦天下，我弟弟根本不会有事。庄生这个骗子，他一点忙也没帮，凭什么拿我的黄金？"

老大又去找庄生，说："我要回去了，临行之前，想把放在你这里的黄金带上。"

庄生诧异地看着他，说："好吧，黄金你带走吧。"

老大拿着黄金走了。庄生愤怒地站起来，说："这孩子真是不懂事，你以为楚王他会无缘无故大赦天下吗？"

原来，庄生这个人，虽然生活贫寒，却是楚国有名的智者。楚王对他言听计从，恭敬有加。上次他收下陶朱公大儿子送来的黄金，就入宫见楚王，劝说楚王大赦天下，楚王答应了。他就这样把陶朱公的二儿子，从大牢中救了出来。

可万万没想到，庄生把事情办妥了，陶朱公家的大儿子竟然又把黄金要回去了。这岂不是过河拆桥，戏弄庄生吗？

愤怒之下，庄生再次入宫，见到楚王，说："大王，上一次我建议你体恤民生之艰，大赦天下，这原本是件好事。可是近来有个叫陶朱公的，派他的大儿子来楚国活动，想救出他家因杀人入狱的二儿子。人们传言说，大王是收了陶朱公家的贿赂，所以才大赦天下的。"

楚王听了，大笑道："这事好办啊，咱们不妨先杀了陶朱公家的二儿子，再大赦天下也不迟嘛。"

庄生道："大王英明。"

结果，楚王先杀了陶朱公的二儿子，这才大赦天下。大儿子在楚国忙活了半天，最终只带着弟弟的尸体返回。他回来时，家里人全都痛哭，陶朱公

拊掌而叹，说："我担心的事，终于发生了。我就知道，你去会害死你的弟弟。"

"可这是为什么呀？"老大想不明白。

陶朱公长叹一口气说："从狱中捞人这种事，人的性命最重要，花钱是不能计较的。你打小跟我创业，知道钱来得不容易，舍不得花钱，所以我知道你做不成这件事。老三则不然，他是个地地道道的花花公子、纨绔子弟。如果让他去，他决计不会把花出去的钱，再要回来，也会因此救回老二。"

陶朱公这个故事，展现了典型的商业经济思维。一个人要想在商业社会有所作为，只要把这个故事吃透，就必然会顺风顺水。

第六章

第六章

秦汉易替，江山如画

前257年，吕不韦助秦太子嬴政回到秦国。

前245年，秦王嬴政继位，吕不韦为相。

前238年，秦王嬴政亲政。

秦朝 （前221年~前207年）

前221年，秦灭齐，统一中国，秦王嬴政自称"始皇帝"。

前213年~前212年，秦始皇焚书坑儒。

前210年，秦始皇死，胡亥继位，称秦二世。

前209年，陈胜吴广起义。

前207年，巨鹿之战，项羽大败秦军。

前207年，刘邦入咸阳，秦朝灭亡。

楚汉争霸 （前206年~前202年）

前202年，项羽兵败，乌江自刎。

第一节
灭亡六国计划

01 这货值钱

卫国大商人吕不韦途经赵国，偶然发现了正在赵国做人质的秦国公子异人。吕不韦眼睛一亮，曰："这货值钱，可以买下——奇货可居！"

于是吕不韦先回家问父亲："经营农产品，利润有多大？"

父亲回答："利润十倍。"

吕不韦问："经营珠宝等奢侈品呢？"

父亲答："利润百倍。"

吕不韦问："经营一个帝国呢？"

父亲答："这个利润可就没边了。"

"好，那我就干这个啦。"于是吕不韦带着钱，回到赵国，找秦公子异人谈判："如果我替你在秦国活动，扶你登上国君之位，你如何回报我？"

异人回答："如果你真能做到，那我的一切，统统是你的！"

协议达成，吕不韦立即去了秦国，研究发现秦宫中最受宠的，是华阳夫人。而这位华阳夫人没有儿子，最担心的就是日后失宠，无依无靠。于是

吕不韦送上厚礼，建议说："正在赵国做人质的公子异人，在心中是视夫人为母亲的，莫不如认了他这个儿子，对他好一些，他一定会孝顺你这个母亲的。"

天上掉下个大儿子。华阳夫人大喜，接受了吕不韦的建议。

于是异人的地位，从被抛弃的人质，提升为秦国的储君。

然后吕不韦返回赵国，买下个美丽的赵姬，带着赵姬请异人喝酒，吕不韦假意上厕所，回来时果然发现异人正在对赵姬动手动脚。吕不韦很生气，严厉批评了异人："朋友妻，不可欺，你怎么可以……嗯，兄弟如手足，女人如衣服，如果你真喜欢她，就把她送给你吧。"

公元前259年，赵姬生下一个孩子。孩子出生在正月，嬴姓秦氏，名政，又因出生在赵国，所以孩子又叫赵政。

这孩子，就是后来的秦始皇了。

02 始皇大逆袭

秦始皇三岁那年，秦兵包围了邯郸城。赵王大怒，立即下令把人质异人杀掉。

危急关头，吕不韦贿赂了守门官兵，将异人化装为自己的车夫，掩护异人逃回了秦国。

父亲逃走，三岁的秦始皇被母亲抱在怀中，开始了邯郸城中大逃亡。

从三岁到九岁，秦始皇的幼年与童年，完全是黑色的，在惊险的逃亡中度过。

秦始皇九岁那年，秦国老国君死了，新君即位，立秦始皇的父亲为太子。这时候秦国表态，愿意修复两国关系，于是赵国找到赵姬和小秦始皇，

把他们送回了秦国。

秦始皇的身份，从逃亡者瞬间成为帝国继承人。又不过一年的时间，父亲成为秦王，他成为帝国储君。又三年，父亲死掉，才十三岁的嬴政，一跃而成为秦王。

短短的四年时间，他就从一名小逃犯，逆袭成为权力最大的秦王。

现在，他需要的只是时间。

03 李斯的老鼠哲学

秦国的客卿李斯，是蔡国人，来到秦国打工。

早年，在上蔡时，李斯就有一个了不起的发现。

他发现，上蔡这个地方，米仓里的老鼠，又肥又大，而且不怕人。而厕所里的老鼠，又瘦又小，见人就惊恐四窜。当时李斯灵智大开，深切地意识到：这个做人呢，就要做米仓鼠，万不可做厕所鼠。

米仓鼠与厕所鼠，都是鼠，但由于所居处的位置不同，米仓鼠最大限度地接近权力，居于社会财富分配中心，所以吃得肥胖已极。而厕所鼠远离权力，远离社会财富分配中心，所以不仅吃不到，还要担惊受怕。

人的能力不重要，重要的是位置！

这就是李斯的发现。

04 灭亡六国计划

从公元前236年，到公元前221年，秦始皇花了十六年的时间，彻底灭亡了六国，最终天下一统，君临天下。

灭亡六国之战，最难最难的就是死亡名单上的赵国。

赵国横亘于函谷关前，欲取天下，必先灭赵。但赵国展开殊死抵抗，让秦始皇整整花费了八年时间，除了武力还辅以离间之术，这才把赵国拿下来。

十六年灭六国，八年灭赵，这同时也为我们揭示了人类社会的一个隐秘规律——万事开头难。你必须把全部资源的半数，用在事情的开端上。只要完成开端，事情本身就形成了自身的推动机制，接下来的过程，相对来说就简单了。

秦始皇能够成为千古一帝，除了他的个人才略之外，最大的原因还在于东方诸国缺乏危机意识。明明知道秦始皇启动了灭亡六国计划，如果不齐心协力，抱团抗争，就无法在这残酷的世上存活下去。但东方诸国仍然是各怀机心，争斗不止，最终成全了秦始皇的万世之名。

说到底，灭六国者，六国也。六国是死在自己的麻木不仁上，怪不得秦始皇。

05 远见卓识

有个常用成语，叫远见卓识。

远见的意思，大家都清楚。那么什么叫卓识呢？

秦始皇灭亡六国之后，就命令六国的富户，必须要搬迁到咸阳，以富庶国都，同时就近监视这些富人。

赵国的大富商卓氏，也被迫举家迁离。他们夫妻二人，推着辆车子，跟随浩浩荡荡的搬迁队伍，一路向西。

途中，被迫搬迁的富户，不堪其苦，纷纷贿赂官吏，希望把他们安置在

近一些的地方。

但是卓氏说："近一些的地方，看起来居住者很多，实际上土地非常贫瘠，根本无以谋生。我听说岷山之下，有一片旷野，那里的芋头长得非常好。只要有芋头吃，就不会挨饿。我们何不要求搬到那里去？"

于是卓氏主动要求搬到极远的岷山之地。虽然路上千辛万苦，可等他们到达之后，种植的芋头能够让他们免于饥饿，很快他们又过上了小康生活。然后卓氏再采矿炼铁，经营贸易。几年工夫下来，那些就近安居的人，全都一贫如洗，陷入饥饿之中；而卓氏再度崛起，成为富可敌国的大户人家。

卓氏的眼光，从此成为当时人的常用语。人们常以远见卓识来形容高远的见识。

06 悲哀的小丑

秦始皇在位时，宫中有个小丑，名叫优旃。他善于说笑话，能够不动声色地劝谏秦始皇。

曾有一次，秦始皇想把函谷关到陈仓县，全部辟为无人区，用来养野生动物。优旃听了，高兴地大喊："太好啦太好啦，快点把这个动物园建起来吧，再养很多很多动物在里边。如果有敌人从东方来进犯，就让麋鹿用犄角把敌人统统顶回去。"

秦始皇听了，就立即撤销了这道命令。

又有一次，秦始皇正在殿中，忽然间下起暴雨。站在院子中的守护士兵，没有命令，不敢擅动，只能站在雨中被淋。优旃看到，高兴地大叫起来："喂，院子里的那些蠢货们，你们白长了这么高个子，却只能站在雨中

被淋。再来看看我，虽然个子矮小，但不会像你们那样被浇成落汤鸡。"

秦始皇听到了，笑着下令，让负责守护的士兵，站到不会被雨水淋到的屋檐下。

秦二世即位的当年，优旃还活着。秦二世是个昏聩皇帝，即位之初，大讲排场，想把城墙都刷上油漆，这样看起来气派。

优旃听到，高兴地跳起舞来，说："陛下太圣明了，将城墙刷上油漆，宽广而平滑，敌人来了爬都爬不上去，这应该马上就办。"

秦二世听了，笑着放弃了这个荒唐的想法。

有优旃这样的人在，按说秦王朝不应该那么快灭亡。但是，如此有才干的贤人，从秦始皇到秦二世，却只能在宫中做一个小丑。由此可知，秦王朝是多么不爱惜人才。倏忽兴灭，实在情理之中啊。

第二节

伐无道，诛暴秦

01 指鹿为马

公元前210年，秦始皇死在巡游的途中，身边只带着小儿子胡亥。

宦官赵高说服丞相李斯，秘不发丧，伪造圣旨，逼迫太子扶苏自杀，自行立了秦始皇的小儿子胡亥继位。

秦二世继位之后，宦官赵高牵来一头鹿，告诉秦二世这是匹马，秦二世表示诧异，并询问朝臣。凡是实话实说，说这是头鹿的，都被赵高如杀小鸡一样杀掉了，留下来的全都是指鹿为马、见风使舵的政治小爬虫。于是秦王朝的政治，顿时混乱不堪。

结果在秦二世登基的第二年，从大泽乡里，走出了陈胜吴广的起义军。

02 陈胜起义

陈胜，楚国阳城人。年轻时他和同伴劳役于田间，对同伴们说："假如有一天，我们有谁富贵发达了，千万不要忘了今天的好兄弟。"

同伴们纷纷嘲笑道："你不过是卖力气的穷命，这辈子甭想发达。"

陈胜叹息道："燕雀怎么知道鸿鹄的志向呢！"

到了秦二世年间，朝廷征发九百名戍卒赴渔阳，陈胜被任命为带队的屯长。行至途中，遭遇大雨，耽误了行程。按秦律，无论任何理由，延误军机者，斩。这九百名戍卒，已经没有了生路。

于是陈胜与朋友吴广密谋，先秘密派人夜晚在荒废的古祠中，燃起灯火假扮狐妖，并发出"大楚兴，陈胜王"的古怪叫声。

然后，陈胜再偷偷在帛书上写下"陈胜王"三个字，塞入鱼腹中，假称鱼是刚刚从河里捞上来的。戍卒做饭时，剖开鱼腹，见到帛书，顿时大为惊异。

陈胜吴广趁机发动戍卒，一呼百应，立即揭竿为旗，造起反来。

陈胜吴广起义，获得四面响应。当起义军攻入陈县时，已拥有战车六七百乘，骑兵千人，步卒数万人。

03 汉高祖斩白蛇

刘邦，沛县人，他只比秦始皇小三岁。

秦始皇如日中天，灭亡六国之时，刘邦还只是个不喜农耕劳作的社会闲散人员。他渴望有一番事业，为此千里远行，去了曾为战国四大公子之一的信陵君做门客的张耳那里，给他做门客。但是六国灭亡，张耳遭到通缉，刘邦就只好返回故乡。

回乡之后，刘邦当上了亭长。曾有一年，他奉命入京服役，见到秦始皇出行，盛大的排场让他羡慕已极，他说了句："男子汉大丈夫，就应该这样。"

秦二世在位时，刘邦负责押送一批犯人入京，行至半路，不断有犯人逃走。按秦律，人犯逃走，押送者要承担法律责任。刘邦就干脆解开所有犯人

的枷锁，让犯人自行逃亡。他自己也逃入山中，途中遇到一条大蛇，被他用剑杀死，这在历史上称为"汉高祖斩白蛇起义"。

此后陈胜吴广起义，刘邦出山响应。他奉了各路义军推举的盟主楚怀王之命，剑锋直指，杀入咸阳，灭亡了秦王朝。

04 霸王别姬

楚霸王项羽，是楚国名将项燕的孙子。楚国灭亡后，他随着叔叔项梁逃亡。陈胜吴广起义后，项梁叔侄起兵响应。项梁战死后，他率义军与秦军主力决战于巨鹿。为了表示必胜的信心，他下令凿沉战船，砸碎锅釜，令义军无路可退，唯有勇猛向前，终于一战而胜。巨鹿之战，项羽创造了一个沿用至今的成语——破釜沉舟。

秦王朝灭亡后，项羽大封天下，把刘邦封为汉王。但刘邦明修栈道，暗度陈仓，出关与项羽并争天下。

项羽是个神勇的大力士，力能拔山，但他不善于团队合作，个人英雄主义严重。结果在与刘邦的争战中，手下人纷纷叛逃到了刘邦那边。而刘邦虽然不善于单打独斗，却最善于用人。他拜曾受过胯下之辱的韩信为大将，开辟第二条战线，最终彻底把项羽拖垮。

项羽的楚军，被刘邦团团围困。为了动摇项羽军心，刘邦命人在四面唱起楚歌。听到家乡的歌声，项羽大为震惊，说："难道我家乡的人，全都投靠了刘邦吗？"

穷途末路之际，项羽把最心爱的虞姬叫来，一边饮酒，一边歌唱道："力拔山兮气盖世，时不利兮骓不逝。骓不逝兮可奈何，虞兮虞兮奈若何！"虞姬也合唱道："汉兵已略地，四面楚歌声。大王意气尽，贱妾何聊

生。"

　　歌罢，虞姬含泪自刎。项羽大哭，掩埋了心爱的女人，率精锐想突出重围，但终被汉军追至，经过一番血战，项羽战死。这就是历史上有名的霸王别姬。

第七章

汉家天下

第七章

西汉

（前202年~8年）

前202年，汉高祖刘邦称帝，建立汉朝，史称"西汉"，中国再次统一。

前200年，刘邦进攻韩信，韩王信逃往匈奴，匈奴围刘邦于白登，幸得陈平用计脱险。

前196年~前195年，韩信、彭越、英布、卢绾被杀。

前195年，刘邦卒，惠帝刘盈继位，吕雉专权。

前193年，相国萧何卒，曹参继任。

前188年，汉惠帝卒，少帝刘恭继位，太后吕雉临朝听政。

前180年，吕雉卒，周勃杀诸吕，迎刘邦庶子刘恒为帝，是为汉文帝。

前157年，汉文帝卒，景帝刘启继位。

前180年前141年，汉文帝、汉景帝在位，史称"文景之治"。

前154年，周亚夫平定"七国之乱"。

前141年，汉景帝卒，武帝刘彻继位。

前138年，张骞出使西域，开通"丝绸之路"。

前134年，董仲舒提出"罢黜百家，独尊儒术"。

前119年，卫青、霍去病率军痛击匈奴，从此沙漠以南再无匈奴王庭。

前104年，司马迁著《史记》，为中国第一部纪传体通史。

前33年，王昭君出塞。

8年，王莽称帝，西汉灭亡。

17年~18年，爆发绿林、赤眉起义。

东汉

（25年~220年）

25年，光武帝刘秀称帝，史称"东汉"。

73年，班超出使西域。

166年，东汉"党锢之祸"。

184年，张角发动"黄巾起义"。

220年，曹丕废汉献帝，东汉灭亡。

第一节

宫战夺镝

01 得信息者得天下

刘邦能够取得天下，那是因为他得到了智慧之人的相助。

当他攻下咸阳时，所有将领一窝蜂冲入府库，去抢金银珠宝。只有萧何冲入了秦王朝的档案室，把能够找到的律令地图，全部收好藏了起来。不久楚汉争雄，刘邦与项羽大战。举凡天下要塞，户口多少，势力强弱，当地风土人情，这些资料项羽一无所知。而萧何从秦朝抢来的档案中，掌握全部信息，再告诉刘邦。

楚汉之战，项羽虽力能拔山，却败于刘邦之手，就是因为项羽疏忽了对信息的掌握，在信息战中败下阵来，最终不得不悲哀别姬，贻笑天下。

信息就是战斗力，得信息者得天下。这就是楚汉之战告诉我们的结论。

02 乱世之宝

秦朝败亡之时，天下人皆知大乱到来，所有的人家，纷纷储藏金银财宝。

只有陕西一户姓任的人家，他们把所有的金银财宝全都拿出来，换成粮食储藏起来。结果到了天下大乱之时，粮食短缺，粮价飞涨，许多人家活活饿死。只有任氏一家衣食无忧，不仅没有饿死，还出售了一点粮食，换得了比以前多出许多倍的金银财宝。

乱世之时，最不值钱的就是钱，只有维持生命的粮食，才是最值钱的。这个道理，是从任氏之后，慢慢被民众所接受的。

03 萧规曹随

西汉初年，曹参继萧何之后，当上了宰相。

一切政务，曹参仍然按照萧何立下的旧规办理。他自己天天喝酒，无所事事。有人来劝说他，他就拿酒把来人统统灌倒。

汉惠帝很生气，就问曹参的儿子："你回家问问，你爹他脑壳进水了吗？为什么如此疏怠政务？"

曹参儿子回家，刚开口问，曹参就勃然大怒，不由分说，把儿子狠抽了一顿鞭子。

儿子被打，哭着去向汉惠帝复命，说："陛下，你都看到了，我爹他根本不让我说话，我刚刚开口，他就把我打成这样。"

汉惠帝气坏了："传旨，命曹参上殿见朕。"

曹参来了，汉惠帝厉喝道："曹参，你是国家的老臣子了，最近怎么神智昏乱？我让你儿子去问问你，你不由分说就打了他一顿，你到底是什么意思嘛，今天给朕说清楚。"

曹参摘下头上的冠带，问汉惠帝："陛下，您撒泡尿照照自己……不是，陛下，您自己琢磨一下，跟高祖比较，您的水平如何？"

汉惠帝道："差得远了。"

曹参又问："陛下，您以为臣与萧何相比，又如何？"

汉惠帝道："你也是差得远了。"

曹参就说道："陛下，您不如高祖，我不如萧何。他们用自己的智慧开创了天下，创建了规范，我们这些平庸之辈，能够遵循前规，把事情做好，就谢天谢地了。如果我们自作聪明，胡来一气，陛下以为这是好事吗？"

汉惠帝道："明白了，你不要再说了。"

这个故事，就是成语萧规曹随的出处。故事告诉我们，真正的聪明人，不是掩饰自己的短处，而是承认己短，尊重彼长，这样才能够把事情做好，而不是越搞越乱。

04 宫斗大同盟

早在秦始皇一统天下之时，魏国灭亡，王朝中的贵族仕女，纷纷逃入民间。就有这么个公主，逃亡路上，她遇到了一个姓薄的平民，两人相爱了。

公主替这位姓薄的平民男子生了个女儿，这个女孩史称薄氏。她长大后，嫁给了前魏国落魄贵族魏豹。此后陈胜吴广起事，恢复六国，魏豹成为西魏王，薄氏就成了王后。

楚汉争雄，魏王被杀。王后薄氏以罪女之名，被送入汉宫的织室做苦工。但这女孩子极聪明，她和另外两个小姑娘管氏、赵氏相约，既然大家到了这地步，那就死中求活，绝地一拼——无论以后谁拿下刘邦，肉共同吃，汤共同喝。

没多久，管、赵二女双双被刘邦相中，受到宠爱。当刘邦心满意足之际，忽见管氏与赵氏眉眼带笑，相互目视。刘邦喝问："你们两个，搞什么

鬼？"

管、赵两人上前，把与薄氏的盟约告诉了刘邦。

当时刘邦就惊呆了。他这才醒过神来，后宫嫔妃美女无数，女性多而男性少，他这唯一的糟老头子，已经成为宫中诸女竞相争夺的猎物。

对薄氏这个聪明的女人，刘邦终于产生了兴趣。

之后，薄氏生了个儿子，他就是开创了文景之治的汉文帝。

05 坑爹的权力

汉景帝时代，意欲削藩，强化皇权。大臣晁错为迎合汉景帝的心思，不断上疏，指控吴王刘濞意图谋反，为景帝削藩制造借口。

晁错的父亲听说了这事，挂着拐杖找来了："儿子哟，你为什么要上疏皇帝，说吴王要谋反呢？"

晁错说："父亲啊，现在国家大一统尚未完成，权力分散在许多诸侯手中，对皇帝的地位形成威胁。我身为大臣，当然要替皇帝着想，解决这个问题。"

晁错父亲摇头道："儿子，你错了。你身为大臣，所谋者国，不是为权力服务。你为了满足皇帝个人的权力欲，就充当小人，上疏替皇帝找借口。可是你忘了皇帝和吴王，都是一家人。一旦双方兵戎相见，你就是那个挑起战争的罪人，到时候皇帝肯定会把你推出来当替罪羊的。"

晁错笑道："父亲，你心理不要这样阴暗。皇上他英明神武，伟大公正，怎么会做出拿我当替罪羊的事儿来呢？"

晁错父亲哭了，说："儿子，你到底有多傻？把皇帝想象成圣人，你这种愚蠢，会招来灭门之祸的。好吧好吧，我老了，为了避免你这蠢儿子坑

爹，我自己先服毒自尽吧。"

晁错父亲服药自尽，晁错大惑不解："唉，我的父亲，你怎么这么固执？皇帝那么善良，怎么会拿我当替罪羊呢？"

正想着，廷尉来召晁错入宫，晁错换了官服，兴冲冲去了。不料半路上廷尉突然绕道菜市口，对晁错宣读了皇帝诏书。原来吴王刘濞果然起兵了，汉景帝就把挑起战争的责任全都推到晁错身上，下令把晁错腰斩了。

06 金屋藏娇

汉景帝死后，汉武大帝登基。

汉武帝刘彻，是汉景帝的第十个儿子，理论上来说，他根本没有机会做皇帝。

但是汉景帝的姐姐、长公主刘嫖，她想扩大自己的权势，就入宫找太子的生母栗姬，想把自己的女儿阿娇嫁给太子。可是没想到，刘嫖的建议被栗姬一口驳回。

刘嫖非常生气，于是她就想："如果我把女儿嫁给另一个皇子，再把他推为太子，岂不是更好？"

想到就做。刘嫖秘密联系汉武帝的生母王美人，商量是不是可以让小汉武帝娶自己的女儿。这个建议，正合王美人的心思，唯一的麻烦就是，刘彻的年龄太小，才刚刚五岁，怕胜任不了这个任务。

刘嫖决定测试一下小刘彻。她把五岁的小刘彻叫到自己的府上，手掌轻拍，两侧走出两排美貌的歌妓，然后刘嫖说："小东西，你看这些女孩美不美？喜欢哪个，她就归你了。"

五岁的汉武帝摇头道："这些女孩，我一个也不喜欢。"

刘嫖心中高兴，又问道："那如果我要把女儿阿娇嫁给你，你喜不喜欢？"

小刘彻回答道："如果我能娶阿娇为妻，一定要铸造一座黄金屋子，让阿娇幸福地生活在里边。"这个故事，就是成语金屋藏娇的由来。

由于小刘彻聪明，一句金屋藏娇就打动了刘嫖的心，于是双方缔结政治同盟——刘彻娶阿娇为妻，刘嫖则帮助刘彻登基，最后再让阿娇做皇后。历史，就这样按照一个女人的设计，向前发展。

第二节

武帝旌旗在眼中

01 东方朔恶搞汉武帝

东方朔，汉武帝时代最有智慧、最滑稽的臣子。他个子不高，言语诙谐，汉武帝知道他脑子快，反应灵敏，所以一直想找个机会，让东方朔吃瘪。

有一次，汉武帝到上林苑游玩，看到一株奇怪的树木，就问东方朔："这棵树叫什么名字？"

东方朔随口胡说道："这棵树，名字叫怪哉。"

怪哉？天底下哪有这种树？汉武帝知道东方朔胡说八道，心里有气，就暗中吩咐人把枝叶修剪一番，让东方朔认不出来。等过了段时间，他又假装无事，带东方朔来到上林苑，问："这株奇怪的树，叫什么名字呀？"

东方朔果然没认出来，随口瞎掰道："陛下，这棵树名叫瞿所。"

"瞿所？瞿所你妹呀，上次你还说这棵树叫怪哉呢！"汉武帝当时就炸了，"东方朔，你欺骗朕已经太久太久了，这次终于被朕逮到了，单说你这个欺君之罪，就少不了要严惩。你还有什么话可说？"

东方朔失笑道："陛下，天下万物，从小到大，哪有固定不变的名字？

马大了叫马，小时候叫驹。鸡大了叫鸡，小鸡则叫雏。牛大了叫牛，小的则叫犊。人小时叫儿子，长大了叫老子。这棵树没砍时叫怪哉，砍了就叫矍所，这不是很正常的事情吗？"

汉武帝郁闷地说："算你狠，说不过你，等下次朕抓到你，绝不轻饶。"

但最终，汉武帝也无法抓住东方朔的把柄，因为东方朔有智慧，总能够轻易脱身。

02 司马相如教你写文章

汉武帝年间，大才子司马相如，文章写得精妙无双，世人不惜花费千金，只为买他的一篇赋。

他的朋友盛览，也是天下有名的才子，但文章远不如司马相如。为此，盛览曾请司马相如喝酒，请教如何写好一篇文章。

司马相如说："要写好文章，有三个条件：第一是有熟练的文字运用技巧，同样的话，你写出来就与众不同，还能够打动人心。这是基本功。有了基本的文字技巧之后，就必须要有丰富的内容。所以写文章的人，一定要博览群书，古今中外，天上地下，各行各业，要能够信手拈来，这样才能够赋予文章以更充实的内容。但到了这一步，仍然不够大师级的水准。要成为大师，就必须怀有悲天悯人之心，要洞察人心，知道人性，这样写出来的文章才会避免偏激极端，才能够深刻打动人。"

盛览听了，举杯道："看来，这文章能不能写好，完全取决于你自己是不是愿意努力呀。"

03 汉武帝妙计收权

汉武帝忧虑诸侯势力过于强大，想要无声无息地削弱藩镇势力。大臣主父偃献上妙计：推恩令。

按照这个政令，诸侯们的土地，被切割成一小块一小块，分封给诸侯的子弟。获得分封的诸侯子弟，感激不尽。但诸侯的整体实力，却被悄然瓦解了。

04 匈奴崛起

第一个进入中华帝国视线的匈奴首领，叫头曼。但西洋人纠正说："No，你们弄错了。头曼，正确的称呼是万，No.1的意思。"

按祖制，头曼死后，单于位置应该由大儿子冒顿继承。但是头曼有个年轻妻子，生了个小儿子。娇妻请求改立幼子为嗣，头曼慷慨地答应了。

于是头曼派长子冒顿去月氏国做人质。等冒顿去了，头曼立即向月氏展开疯狂进攻，想让月氏人杀掉大儿子。不曾想，冒顿这厮端的有一手，他偷了匹好马，竟然完好无缺地逃了回来。

回来之后，冒顿想：爹，你想杀了我是不是？那就不好意思了，我先动手吧。

于是，冒顿苦心训练自己率领的万名骑兵。他下令说："我发号施令，只用一支响箭，我的响箭射向哪里，你们就必须向哪里一起射箭。违令者，斩！"

冒顿先用响箭射小猫小狗，部属立即乱箭齐发。

然后冒顿用响箭射向自己喜欢的好马，有士兵犹豫不射，冒顿斩之。

冒顿又突然把响箭射向自己最宠爱的女人，有的部下不管三七二十一，

咄咄咄乱箭狂射，把那可怜的女人射死了。还有人手持弓箭，犹豫不决。

冒顿下令，把犹豫不射者，斩杀！

此后冒顿响箭再起，无人敢不射。于是有一天，冒顿率众来见父亲，突然大叫一声："亲爹看箭！"话音未落就向父亲头曼射来响箭，霎时间，就听翎箭破空之声不绝，大单于头曼，已然成为一只大刺猬。

亲爹陷子，子杀亲爹，这表明匈奴人的文明进程距离文明还有段距离。但匈奴人如此嗜血好战，势必对近在咫尺的汉民族文明造成强烈冲击。

05 识破埋伏

汉武帝时代，有民间土豪聂壹献计，建议由他远赴大漠，诱使匈奴入境攻城，然后汉朝这边伏下雄兵，一战而歼匈奴。

汉武帝批准了这个建议，于是在马邑道，伏兵三十万，派聂壹去找匈奴大单于，诱使其前来攻城。

匈奴人果然中计，大单于亲率十万骑兵，浩浩荡荡地杀来了。眼看就要步入死亡圈套，大单于突然挥手："停下，全都给我停下。"

匈奴人问："大单于，眼看就要抵达城边，为何突然停下来？"

大单于道："你们注意到没有，自打我们侵入汉境，一路行来，一个人影也没见到，更没有见到悠然吃草的牲畜，这说明了什么？"

"说明了什么？"众人问。

"说明了这里有伏兵。"大单于一挥马鞭，"而且伏兵人数还不少，否则此地不会如此安静。传我军令，立即掉头逃，快点逃！"

汉军的埋伏，竟然被大单于识破，汉武帝的苦心枉然徒劳，并从此掀开了汉匈的百年大战。

06 家奴逆袭娶公主

汉武帝扫平匈奴，借助的是卫青与霍去病两个人的力量。

卫青，他是霍去病的舅舅。起初他只是平阳公主的家奴，因为汉武帝迷上了卫青的姐姐卫子夫，就把卫子夫带进了宫。

皇后陈阿娇知道了，怒不可遏，就让母亲长公主刘嫖派了武士出动，将卫青抓走，准备杀掉。但皇后没有料到的是，卫青不是个普通家奴，他在江湖上有许多朋友。闻知有人捕杀他，江湖兄弟纷纷赶来救急，击败长公主派来的武士，救出卫青。汉武帝听说了这事，大喜，就把卫青带到身边，与他共商对抗匈奴大计。

此后，卫青与霍去病舅甥二人，多次统兵出战，横扫大漠，在狼居胥山上封天，在姑衍山上禅地，这就是中华史上赫赫有名的封狼居胥，禅姑衍。

卫青立下不朽战功，官拜大将军，声名显赫。这时候他以前的主人平阳公主，老公死了，想找个英雄人物再嫁。可是普天之下，数来数去，只有自己以前的家奴卫青最厉害。最后，平阳公主干脆一闭眼，嫁给了自己以前的家奴。

卫青，以一介家奴逆袭，最后抱得公主归，留下了一段励志佳话："将相本无种，男人当自强。今天是家奴，明天做新郎。"

第三节
江河日下

OI 昭君出塞

汉元帝年间，后宫嫔妃无数，元帝看不过来，就召来画工，给每个嫔妃画像。元帝看画像上极美貌的，才召来侍寝。当时后宫嫔妃都不惜花费重金，让画工把自己画得极美。只有最美丽的王昭君，拒绝贿赂画工，于是画工就故意把她画得极丑。

没多久，匈奴单于请求和亲，元帝就在嫔妃的画像中挑挑拣拣，看到王昭君最丑，就说："就让这丑丫头去吧，哼哼，长这么丑，朕才没有兴趣呢。"

万万没想到，当昭君盛装而出，辞别元帝时，元帝才发现，昭君之美，压倒后宫：一颦一笑，独具风情；举手投足，优雅大方；言谈举止，妩媚端庄。这时候汉元帝才如梦方醒，知道自己被画工骗了。

昭君出塞后，元帝立即查抄宫廷画工，发现他们每家都收取了宫人贿赂无数。元帝大怒，下令诛杀，许多国手画师，遭受株连，京城画师几乎无一幸免。

02 逗乐的篡位者

王莽篡政，终结了西汉，建立起了新朝。但天下人不服，汉兵气势汹汹地打来，王莽这边节节败退。

怎么办呢？王莽就翻起《易经》，想找到退兵的法子。忽然间他看到书上有一句"先号啕而后笑"，王莽顿时大喜："有了，原来退兵的妙计，是这样子的。"

于是王莽带着群臣，去南郊向天痛哭。同时发布策令，要求老百姓都来一起哭，哭得最悲痛的，可以立即升官。霎时间，整个京师一片哭爹死娘般的号啕大哭之声。有五千多人哭得特别真诚，因而升为郎官。

但哭也没用，汉兵攻入都城，紧接着攻入皇宫。王莽就坐在椅子上，手持虞帝用过的匕首，指着天说："上天让我做皇帝，汉兵能把我怎么着？"

说话间汉兵杀入，王莽被杀死。他的短命王朝结束，东汉时代开始了。

第四节
末路之行

01 驴贩子的理想

东汉光武帝刘秀，是汉高祖刘邦的第九世孙。但传到刘秀这一辈，家道已经中落。刘秀的父亲，不过是西汉的一个小县令，而刘秀，他读书不成，贩驴为生，成为一名走南闯北的驴贩子。

有一次，他贩驴时来到京城，看到负责京畿治安的官员执金吾威风凛凛的样子，羡慕已极。回来时途经昆阳，又听说了当地最漂亮的女孩，是阴氏家族的阴丽华。于是刘秀手抚驴耳，怅然说："做官当做执金吾，娶妻当娶阴丽华。"

后人评述说，刘秀这个志向，与其祖上刘邦相比，是很小很小的。刘邦的志向是取秦始皇而代之，而刘秀，充其量只想做个京师的治安官，娶个普通的民间女子而已。

但西汉末年，强横四起，刘秀不可避免地卷入时代大潮之中。他过人的军事天资与帝王风范，很快就让他脱颖而出。他在昆阳战役中打败王莽的军队，如愿以偿地娶了心仪已久的阴丽华。

公元25年，刘秀于千秋亭五成陌筑坛，祭告天地，自立为帝，史称东汉光武帝。

刘秀的人生告诉我们：理想还是要有的，万一实现了呢？

02 学渣皇帝

汉光武帝刘秀，早年是个学渣，但与他同窗苦读的同学严光，却是个非常有名气的学霸。等到刘秀登基为帝，严光就隐居了起来，刘秀四处寻访，终于把严光找到，请到皇宫中叙旧。

两人聊了一整天，夜晚睡觉时，就像当年读书时一样，身体歪歪扭扭地斜躺在榻上，呼呼入睡了。第二天刘秀上早朝，就见负责观测星象的官员出列："启奏陛下，大事不好了，昨夜臣观测星象，见有客星凌犯帝星，不知是吉是凶啊。"

客星犯帝星？刘秀一拍脑门："哦，对了，是这么回事，昨夜朕与严光斜睡榻上，严光睡觉时把他的脚放在了朕的肚子上，这就是客星犯帝星吧？"

这个故事，表明了刘秀是个心念旧情的帝王，而这样的帝王，在我们的历史上是很少见的。

03 让每个人生活得更好

东汉光武帝刘秀打败王朗，缴获了大批的资料文件。其中有许多秘密书信，都是刘秀的部下偷偷写给王朗的。

有人要求公开这些书信，惩罚这些叛变的人。但刘秀不答应，他下令，

将这些秘密书信一把火统统烧光，并说："让那些心怀不安的人高枕无忧吧。我们平定江山，就是让每个人生活得更好，感觉更安全，而不应该为追究他们的自保本性，让这世界充满血雨腥风。"

这就是皇帝的胸怀和眼光。

04 班超的智慧

东汉时，班超久在西域，镇守西域平安。到了晚年，他上疏称，希望能够卸下重任，有生之年重返玉门关。朝廷也觉得应该换个更有闯劲的年轻人，替换下暮气沉沉的老班超。

太后推荐了自己的家将——年轻的武将任尚，以他来替代班超。

于是任尚奔赴西域，与班超完成交接工作。交接后，任尚诚恳地说："老将军，你在西域多年，经验丰富，可有什么指点我的吗？"

"这个呀，"班超回答说，"我正要跟你说，这个治理西域呀，要记住，水至清则无鱼，人至察则无徒。所以你在任时，一定要放松一些，力求简易，部属就算是犯了过错，睁只眼闭只眼，凡事只要把握原则即可，千万不可穷追细节。"

任尚道："恭敬地领受老将军的教诲。"

但等班超走远，任尚哈哈大笑起来，说："我还以为班超有什么本事，原来不过是老生常谈。难怪他在西域这么多年也没干出名堂来。哼，老家伙过气了，看我的吧。"

于是任尚大刀阔斧，力行新政。可是西域特别复杂，各国势力纠结，强盗小偷遍地，任尚的做法，很快激起各方势力反弹，导致西域陷入大乱。直到这时候，任尚才恍然大悟，说："原来班超才是真正的奇人呀，他能够把

如此复杂的西域治理得风平浪静，那是何等惊人的本事？是我无知，鲁莽轻动，现在后悔也已经来不及了。"

05 炒作妙法

东汉末年，大太监张让权倾朝野，人人惧怕他。他的管家住在扶风，当地有个富户，叫孟陀，对张让的管家倾囊结交。

张让的管家很感激，就问孟陀："你有什么事情需要我帮忙吗？我一定会替你做到的。"

孟陀说："也没什么大事，就是……你可不可以当着众人的面，向我下拜？"

管家说："我不过是一个管家而已，当众下拜又有什么不可以？"

于是两人商量好，到了第二天，孟陀就坐车去张让的府上。行至半路，就走不动了。前面是黑压压的人，都是来张让府上巴结的，孟陀根本靠不了边。

就在这时，张让的大管家率奴仆迎出来，向着孟陀拜倒。四下观望的人看了，顿时大吃一惊，都认为孟陀一定是有门路之人，否则张让的管家不会向他下拜。于是许多趋炎附势之辈，纷纷来到孟陀的府上巴结，送钱送物。孟陀的名气更大了，赚钱也更容易了。

06 读书读到蠢

东汉末年，张角率黄巾军起事，天下大乱。这时候有个大臣向栩上疏，说："贼兵造反，那是因为世道人心乱了。要想平乱，先要匡正世道人心。

所以呢，对待黄巾军，朝廷不需要出动一兵一卒，只要遣一员上将，站在黄河边上，对北方大声朗诵《孝经》，黄巾军可不攻自灭。"

大臣向栩的建议，凸显出当时朝廷的治理能力和水平。把读书人弄得蠢到这程度，帝国不崩盘，天下不大乱，那才叫怪事！

第八章

三国大战场

三国 （220年~280年）

196年，曹操迎汉献帝，挟天子以令诸侯。

200年，官渡之战，曹操大败袁绍，统一北方。

208年，赤壁之战，孙刘联军大败曹军，三国鼎立初步形成。

220年，曹丕在洛阳称帝，建立魏国。

221年，刘备在成都称帝，建立蜀国。

229年，孙权在建业称帝，建立吴国。

221年~222年，夷陵之战，孙吴大败蜀汉。

263年，魏大举攻蜀，后主刘禅投降，蜀国灭亡。

266年，司马炎废魏元帝曹奂，魏国灭亡。

280年，西晋灭吴，统一中国。

第一节
阿瞒和他的帝国

01 冷落曹操的人

曹操年轻时，非常渴望结交南阳宗世林。因为宗世林是当时的名士，成为他的朋友，就会赢得称誉。但宗世林瞧不起曹操的人品，不耻曹操之为人，拒绝与曹操结交，让曹操很受伤。

后来曹操挟天子以令诸侯，掌握了兵力，就问宗世林："现在，我们可以做朋友了吧？"

宗世林冷淡摇头："不可以，你的权力虽然大了，但我松柏之志尚在。"

曹操很生气，不肯给宗世林重要的职位，但让自己的儿子曹植去宗世林家里做客。每次曹植去，都要向宗世林行跪拜大礼。当时的人，非常钦佩宗世林，也认为曹操的心胸够宽广。

02 曹操夜劫新娘

曹操年轻时，经常与袁绍在一起，入室抢劫，坏事干尽。

有一天，当地有户人家娶亲，曹操与袁绍混了进去。大半夜时，两人突然在院中大喊捉贼，洞房里的新郎官，就冲出去抓贼。曹操和袁绍趁机进了洞房，拿刀劫持了新娘子。

然后两人逃走，可是袁绍不留心，一头撞进了荆棘丛中。荆棘上都是尖刺，动一下扎得生疼。袁绍怕痛，缩在里边不敢动。

这时曹操急中生智，突然大喊了一声："来人呀，贼在这里呢！"

袁绍听了，吃惊之下，嗖的一声竟然蹿出荆棘丛，两人一道愉快地逃走了。

03 被曹操坑死的人

曹操为人诡诈，他偷偷地告诉身边一个人："你这样，拿把刀藏在身上，悄悄地靠近我。我假装察觉周围人心跳频率不对，查出你是刺客，这样就可以威慑那些真正的刺客。然后呢，我再偷偷地放了你，不会杀你的。"

这个人就傻乎乎地上当了，真的怀藏利刃，假装悄悄靠近曹操。曹操也假装眉头一皱："不对，我身边有人心跳频率过快，必有刺客混于其中。来人呀，与我一个一个地搜。"

依曹操之言怀藏利刃之人，还在表情十足地演戏，以为曹操会悄悄地释放他。万万没想到，曹操却突然把眼一瞪："大胆刺客，竟然敢行刺于我，与我砍了。"

"哎……"那个人还待解释，已经来不及了。扑通一声，人头落地。但人们从此敬畏曹操，不敢再有异心。

04 曹操的人质危机

三国时，曹操手下的大将夏侯惇出任濮阳太守。

吕布想拿下濮阳，就派了手下人假称投降，夏侯惇不察，就让这些投降者入内。众人一拥而入，突然间大声喊"抓住夏侯惇"，把夏侯惇给俘虏了。

夏侯惇的部将听到喊杀声，急忙冲过来，可是吕布的手下以夏侯惇为人质，让对手投鼠忌器，不敢轻举妄动。吕布手下趁机要挟道："你们给我听好了，现在你们的大将军在我们手中，如果你们敢反抗，我们就杀了他。"

夏侯惇的部将大喊："别动手，有话好好说，你们要怎样，才肯释放我们的大将军？"

吕布的人马回答："我们要很多很多黄金，还要很多很多珠宝，如果不能够让我们满意的话，我们就立即杀了人质。"

于是夏侯惇的部将，就到处去搜罗金银财宝，想赎回大将军。这时候一个叫韩浩的部将站出来，说："你们这样做，大将军就真的死定了。无论如何也不能满足贼人的勒索。"

众将道："你说得轻松，如果不满足贼人的要求，让他们把大将军杀掉，主公曹操，一定会拿我们问罪的。"

韩浩说："不要紧，让我进去与贼人谈判，你们听我号令，只要我喊一声杀，你们就尽管杀进去好了。"

于是韩浩独自走入帐内，先对吕布的手下斥责道："你们这些贼，胆子长了毛吗？竟敢挟持大将军！嫌命长了吗？"

吕布的手下大怒："大胆，不满足我们的条件，我们就杀了夏侯惇，到时候看你怎么向曹操交代。"

韩浩转向夏侯惇，说："大将军，瞧你这窝囊模样，你好歹是我们的大将军，怎么让几个小毛贼，如此轻易地擒住？没办法，现在的情形是，就算我们满足了贼人的要求，他们也不会放你活命，与其如此，还不如咱们干脆点好了。"

就见韩浩手一挥，大喊一声："杀啊！"帐外的曹军，听到喊声，也同时呐喊起来，蜂拥冲入营帐中，不由分说地快刀斩乱麻，喊里喀喳，将吕布的手下全给杀掉了，他们就这样有惊无险地把大将军夏侯惇营救了出来。

曹操得到报告，嘉奖了韩浩。此次事件后，再也没人敢绑架曹操这边的将领做人质了。

05 捉刀人

魏王曹操，雄才大略，百战立威。但有一桩事，让他心里极不痛快。

他的相貌不够威武，长相平平，个头也不高，只有168厘米左右。他身边的护卫又全是彪形大汉，曹操站在他们中间，越发显得干瘪矮小。好在他已经是魏王，生杀予夺，大权在手，人们已经注意不到这些外形的不足了。但曹操的心里，仍然以此为憾。

有一次，匈奴派来使者，觐见魏王。曹操仔细一打量自己，内心几乎是崩溃的。他担心自己外在形象太差，影响到整个国家的形象，让匈奴人瞧不起。

怎么办呢？

郁闷之际，曹操忽然发现了名士崔琰。

崔琰其人，身材威猛高大，而且有一卷造型迷人的大胡子。而崔琰俨然以此为快事，与人交谈时，最喜欢捋着他的卷胡子。

于是曹操立即把崔琰叫过来，吩咐道："崔琰，你有一个重要任务。现在你假充我，坐到魏王的座位上，接见匈奴使者。我呢，就假冒魏王的侍卫，提刀站在你身边，听清楚了没有？"

崔琰犹豫地说："这样做，不好吧？"

"什么好不好的，让你做你就给我做好！"曹操没好气地说。

于是崔琰只好假冒曹操，坐在魏王座位上，亲切接见了匈奴使者。而曹操本人，就手提单刀，站在崔琰的身边。

接见完毕，曹操放心不下，就派人去问匈奴使者："你们已经受到了魏王接见，印象如何啊？"

匈奴使者道："魏王雅量，风仪过人。但站在他座位旁边的那个捉刀人，才是真正的大英雄。"

曹操听到匈奴使者的回话，立即派人追杀匈奴使者。因为他担心，万一消息走漏，就会让人知道他曹操对自己没有丝毫信心，就会不再臣服于他的统治，难免会天下大乱。

06　曹操说人性

安定郡一带，居住着许多羌人。曹操派毋丘兴为安定太守，并对他说："羌人希望与我们进行贸易往来，已经很久了。你要记住一件事，一定要羌人主动派人来，千万不要派人过去。你要是派人过去的话，这个人就会为了自己的私利，故意挑拨羌人向我们提出来很为难的要求，最终导致边关祸乱连连，战火不断。听清楚了没有？"

"听清楚了！"毋丘兴响亮地回答。出来之后，他失笑道："曹操呀曹操，都知道你心理非常阴暗，把人都想象得污浊不堪。哪有这种事呢？至少我认识的人，都是光明磊落的，可以信任、可以依赖的。"

毋丘兴上任之后，故意跟曹操抬杠较劲，派了个人去羌人那边，存心要验证曹操心理阴暗。可出乎他的意料，他派去的人，果如曹操所言，怂恿羌人提出来一大堆为难的要求，让毋丘兴陷入被动，所辖地区顿时风声鹤唳，边衅启动。

毋丘兴这时候才不得不佩服曹操，说："主公呀，还是你厉害，我还以为你把人想象得太阴暗了呢。"

　　曹操失笑道："我其实并不把人想得阴暗，但也不敢随便拿别人当圣人。人性就是这样，不能说好也不能说坏，一旦有了机会，总难免做出些只有他们自己才会理解的事情来。"

第二节

刘皇叔和他的小伙伴

01 诸葛家族龙虎狗

诸葛家族，是三国时代的智囊专业户：大哥诸葛瑾，在东吴；二弟诸葛亮，跟随西蜀刘备；还有一个堂弟诸葛诞，在曹魏。这三兄弟，各事一国，在当时都有极响亮的名称。

当时人评价说："西蜀得到了诸葛亮，是得到了一条龙。东吴得到了诸葛瑾，是得到了一头猛虎。至于魏国，得到了诸葛诞，只得到了一条狗。"

02 刘备是如何发财的

刘备攻取西川，为保证战争胜利，他向士兵承诺说："士兵们，只要你们勇敢作战，拿下西川，你们就可以大索三日。府库中的所有财物，统统归你们，随便拿随便抢，我说话算数。"

重赏之下，必有勇夫。于是将士们发狠攻城，终于吓得城中刘璋举手投降了。

刘备手下的士兵蜂拥冲入成都，大肆地抢劫起来。等士兵们抢劫完了，刘备这才按照承诺，不紧不慢地入城而来。

进城之后，刘备来到府库，想取出财物，赏赐部将。可进了府库一看，顿时傻眼了。此时府库里，已经是空空荡荡了，所有的东西，全被士兵们抢光了。

刘备无奈，只好带着诸葛亮，去找最会理财的刘巴。

刘巴给刘备出了个主意，说："首先，你要建立官市。"

刘备问："然后呢？"

刘巴说："然后，任何人不允许在官市之外交易，擅自交易者，一律抓起来。"

刘备问："然后呢？"

刘巴说："然后，官市交易，禁止使用正常的钱，必须使用由你颁发的新币。"

刘备说："这样啊，好好好，这样的话，百姓士兵，只能在我指定的地方交易，只能使用我指定的新币。为了交易，他们只好把所有的钱，统统送到我这里来，以换取能够交易的新币。于是所有的钱，就又全归我了，真是太好了。"

于是刘皇叔按计行事，被士兵们抢走的钱，很快流回刘备手中。这时候士兵们才醒过神来，原来刘备刘皇叔，才是真正的大强盗。

03 如何摆平马超

取西川时，马超跟随了刘备。刘备对马超非常赏识，命他为平西将军，封都亭侯。见刘备如此赏识自己，马超顿时拿自己不当外人，此后见了刘

备，不称主公，而是大大咧咧，称呼刘备的字："玄德兄别来无恙乎？"

见马超如此，关羽大怒，当即要杀马超。刘备阻止，于是关羽就和张飞商量了个法子。

次日，刘备会见诸将，马超大摇大摆地到来，叫了声："玄德兄，什么事这么严重？"话未说完，忽然察觉情形不对。

只见关羽和张飞，两人手持兵器，侍立于刘备之后。那两双射向马超的眼睛，充满了愤怒和极不友善。马超吓呆了，才意识到自己不尊重刘备，激怒了关张二人。此后，他在刘备面前，变得恭敬起来。

这个故事告诉我们，要想让别人尊敬自己，行动比语言更具震撼力。

04 秘密刺杀事件

三国时，刘备在蜀川广揽士人，召集贤才，许多人纷纷前来投奔。

有一天，来了个人投奔，言谈举止极有风范，得体到位。刘备非常喜欢这个人，一边与客人闲聊，一边考虑重用这个人。

正聊着，诸葛亮来了。客人见到诸葛亮，说了声要去厕所，就急忙走开了。

刘备兴奋地对诸葛亮说："刚才那个客人，很有才干，你看咱们让他负责什么工作好呢？"

诸葛亮回答："此人有才干是不假，不过他是曹操派来的刺客，我建议还是快点把他抓起来吧。"

刘备大惊："你怎么知道他是刺客？"

诸葛亮回答："此人见了我，脸色骤变，神情紧张，视线偏开，不敢正视。如此有才干之人，断不应该如此懦弱。这表明此人心怀奸诈，有所图

谋，所以我断定他是刺客。"

"真的吗？"刘备立即命人去厕所看看，但那个神秘客人已经翻墙逃走了。

05 坑爹的姜太师

刘备手下，不只有关羽、张飞、赵云、诸葛亮，还有些没有名气的追随者。其中有个姓姜的，没什么本事，但对刘备忠心耿耿，跟随刘备南征北战。直至刘备在蜀称帝，他也随之水涨船高，成为刘备心腹，掌管着不小的权力。当时人很敬畏他，称之为姜太师。

姜太师的脾气很坏，他的马厩里，有个老头负责喂马。每天姜太师心情不好或是心情太好，就会无缘无故地把老头揪过来暴打一顿。

老头被打了好几年，终于有一天，老头受不了了，就哭着来找姜太师的妻子，请求离开。姜太师的妻子随口问了问老头的情况，发现老头和自己的丈夫姜太师，竟然是老乡。再细问，感觉情况有些不对了。

姜太师的老婆急忙把丈夫找来，说了情况，姜太师半信半疑。他找了几个精明的人，在暗室里反复盘查老头，盘查到最后发现，这每天被他暴打的老头，赫然就是他失散多年的亲爹。

当时姜太师就傻眼了，原来自己这些年，每天欺负父亲，这可是十足的坑爹。

事情严重了，姜太师不敢不认亲爹。可是认了的话，又怕人们知道他每天打亲爹，让刘备知道了，绝对饶不了他。最后还是姜夫人想出个办法，先把老头悄悄送到剑门关，然后姜太师去见刘备，就说自己失散的父亲，终于找到了。

刘备听了，非常高兴，亲自备了礼物给姜太师的父亲，命姜太师立即去

剑门关迎接。可等到姜太师把父亲迎回来，人们发现这老头面熟，最终还是知道了事情的原委。

此事过后，姜太师心性大变，变得善良起来，他说："再也不敢欺负人了，谁知道哪个是你爹？欺负错了可了不得。"

06 英雄相互嫉妒

孙策，东吴英雄，好勇斗狠，人称小霸王。

孙策十四岁那年，去寿阳拜见袁术。正在与袁术交谈时，忽然有人报说豫州牧刘备来访，孙策听到刘备的名字，一言不发，站起来就走。

袁术感觉很奇怪，问："为什么听到刘备的名字，你的脸色就变了？"

孙策回答："这不是你所知道的，天下英雄，向来是相互嫉妒。"

袁术出身显贵，七世公卿，打心眼里瞧不起布衣起家的刘备，听孙策称刘备为英雄，冷笑一声，不以为然，就吩咐刘备进来。

刘备进来，从西边的台阶来见袁术，忽然看到孙策的背影，正从东边的台阶离开。刘备立即变了脸色，停下来，等到孙策走远，这才缓慢登阶。

袁术看在眼里，暗暗称奇，却仍然不明白刘备与孙策之间，为何如此忌惮。而后的历史发展，证明孙策与刘备，都是举世无双的英雄人物。而袁术智力平庸，缺乏识人辨才的眼光，最终沦为当时的笑柄。

第三节
江左英雄谱

01 妙计出重围

孔融，三国时出任北海相，他听说当地有名武艺非凡的将领，叫太史慈。太史慈外出游历，家中只有年迈的母亲。于是孔融就经常派人，带着食物和钱，去探望太史慈的母亲。

不久，黄巾军打来了，包围了城池。正在外边游历的太史慈，立即返回，暗夜抄小径入城，来见孔融。

孔融见到他，大喜："将军来得太好了，北海地小兵稀，不是黄巾军的对手啊。我有心请将军杀出重围，去找距此不远的刘备求救。可是黄巾围困万千重，只怕杀不出去呀。"

太史慈道："不用担心，我自有办法。"

次日，太史慈突然打开城门，骑马冲出。黄巾军顿时紧张起来，立即准备迎战。可是太史慈根本不与黄巾军交手，只是在城墙之下，练习起射箭来。他的箭法如神，看得黄巾军心惊胆战，不敢上前。

此后，太史慈每天都要单骑出城，练习射箭。这样一天天过去，黄巾军

就习惯了。再见他出来，大家不惊也不吵，该干什么还干什么，根本不理会他。

可是突然有一天，太史慈出来后，没有练习射箭，而是纵马突然冲入黄巾军的阵营。黄巾军根本没有防备，憨呆地看着他快马奔过，等醒过神来，太史慈已经冲出黄巾军的包围圈，去找刘备求救兵去了。

02 名将之言

三国时，东吴名将陆逊，曾在彝陵之战火烧西蜀七百里连营，大败刘备。

有一次，他对在东吴效力的诸葛亮的侄子诸葛恪说："这个为人处世呢，是很重要的。我的做法是：对于地位在我之上的人，我必定要尊重他，以免被他的权力所伤害。对于地位在我之下的人，我必定要扶持他，以免等他日后出人头地，因为什么不满而报复我。"

然后陆逊提醒诸葛恪："我发现，你的做法和我恰好相反。地位在你之上的人，你必定要羞辱他。地位在你之下的人，你必定要欺压他。你这样的个性，会与太多的人结怨，憎恨你的人多了，恐怕不是什么好事。"

果如陆逊所言，没过多久，诸葛恪就因为蔑上凌下，结仇太多，被灭了门。

03 黄盖是怎样当官的

东吴黄盖，曾在赤壁大战中诈降，蒙蔽了曹操，大败曹操水军，是一员极有智慧的武将。

东吴之地有座石头城，城中的官吏极为奸诈，出了名的难以统领管束。孙权就派黄盖去石头城任职。

黄盖到了石头城，把吏员们召集起来训话，说："大家一定要好好干，不可以作奸犯科。如果你们干了坏事，我虽然不会鞭打你们，但你们必须承担相应的责任。"

吏员们都有点紧张，但过了几天，发现黄盖根本不理会政务，于是这些奸吏故态萌发，继续作奸犯科起来。他们的行迹，全都看在黄盖眼里，但是黄盖假装懵懂。

过了段时间，黄盖突然又召集官员，说："上一次我跟你们说过的，如果你们再不知悔改，继续作奸犯科，我是不会鞭打你们的。现在，我履行诺言来了。"

于是黄盖揪出两名吏员，出示了他们的犯罪证据，吩咐道："我说过的，绝不会鞭打他们，那就直接杀了吧！"

一声令下，两名犯罪吏员立即被砍了头。

霎时间，所有吏员全都吓坏了，趴在地上，动也不敢动，流着泪招认自己的犯罪事实。黄盖依据情形，该抓的抓，该关的关，罪行轻一些的，惩罚之后继续留任。于是石头城吏治顿时好转，再也没有谁敢于公然渎职犯罪。

孙权听了，高兴地说："黄盖好样的，这些贪渎犯罪的官员，绝对不可姑息。只有最严厉的惩罚，才能够让贪官们悔改。"

第九章

晋代衣冠成古丘

第九章

西晋 （266年~316年）

265年，司马炎建立晋朝，史称"西晋"。

280年，西晋灭吴，统一中国。

291年~306年，西晋"八王之乱"。

304年，匈奴人刘渊建立后汉，十六国时期开始。

316年，匈奴人刘曜攻破长安，晋愍帝出降，西晋灭亡。

东晋 （317年~420年）

318年，司马睿在建康称帝，史称"东晋"。

353年，王羲之作《兰亭序》。

361年~373年，桓温三次北伐。

376年，前秦苻坚统一北方。

383年，淝水之战，前秦南下进攻东晋，大败而回。

386年，拓跋珪建立北魏。

420年，刘裕称帝，建立宋朝，史称"刘宋"，东晋灭亡。

南北朝 （420年~589年）

439年，北魏统一黄河流域，十六国时期结束。

479年，萧道成杀宋顺帝，自立为帝，史称"南齐"。

494年，北魏孝文帝迁都洛阳，实行改革。

502年，梁武帝萧衍代齐自立，史称"南梁"。

534年，北魏高欢立元善为帝，史称"东魏"。

535年，北魏宇文泰立元宝炬为帝，史称"西魏"。

548年~552年，南朝侯景之乱。

550年，东魏大将高欢自立，史称"北齐"。

557年，西魏宇文觉建立"北周"。

557年，南梁大将陈霸先称帝，史称"南陈"。

577年，北周灭齐，统一北方。

581年，北周杨坚废帝自立，建立隋朝。

589年，隋灭陈，统一中国。

第一节
两晋风流

01 大预言家

西晋时，大臣何曾经常陪着晋武帝宴饮。

有天他回家，看到儿子和孙子都在堂前，就叹息道："晋朝的江山，不会太长久了。"

儿子和孙子大吃一惊，问："您何出此言？"

何曾说："帝王开创江山，能传承多久，这取决于帝王本人的志向。可是我天天陪在皇帝身边，听皇帝所言所谈，全都是鸡毛蒜皮的小事，根本没有经略帝国的远大计划。试想这样的天下，能够长久吗？"

何曾的儿孙问道："那依您看，大乱什么时候会到来呢？"

"这个嘛……"何曾对儿子说，"你们这代人，还能够平安地死在床榻上。至于你……"他用手指着孙子，继续说："到了你们这一辈，必然死于战乱之中。"

果然，西晋延续没多久，就爆发了八王之乱，何曾的孙子在乱军之中被人杀掉。临死之前，他拼命大叫："我爷爷太聪明了，太聪明了……您那么

聪明，不替孙子考虑如何长治久安，这种聪明，又有什么价值？"

所以说，真正的聪明，是寻求一个让国家长久保持稳定的制度，这才是我们应该思考的。

02 白布卖出黄金价

晋室东渡，没有财力重建国家政权。江南世族王导发现库府中扔着许多不值钱的白布，眼珠一转，计上心来。

王导先行收购市面上所有的白布，很快就把不值钱的白布收购一空，填满了库府。

然后，王导命人用白布缝制了几件长衫，他找了几个名人穿在身上，招摇过市。路人看到这些名流世族身上穿的衣服，恍然大悟："哇，原来这才是今年流行的款式！"于是人们纷纷去买白布缝制长衫。但此时白布市场已经被王导垄断，价格一飞冲天。

就这样，库府中不值钱的白布，一匹匹卖出去，白花花的银子滚进来。王导终于有了钱，协助晋室重建王朝。

03 王羲之巧妙逃生

东晋书法家王羲之，小时候去族亲大将军王敦家里做客。吃过晚饭后，他就躺在床上休息。

忽然间外边走进来两个人，原来是大将军王敦和他的亲信。王羲之躺在床上，听到两人正商议起兵谋反之事，心里很吃惊，知道自己惹祸了。一旦

王敦发现自己听到了他们的密谋，一定会杀了自己。

情急之下，王羲之拿手一抠喉咙，吐出一堆污物，然后继续装睡。

王敦正和亲信商量着，忽然间想起来："不好，王羲之还躺在床上呢，他一定听到了我们的密谋，必须要杀了他……"

王敦冲过来，正要拔剑，忽然看到床上的污物。王敦呆了一下，笑着说："幸好，原来这孩子喝醉睡熟了，根本没听到我们的话。那我们走吧。"王羲之就这样逃过了一劫。

04 佚失的书法

有个书生，最大的梦想就是得到王羲之的书法。于是他拜王羲之为师，并把王羲之请到家里，盛情款待。

王羲之被他的诚意打动，拿出笔墨来，他看到弟子家有一个新完工的小桌子，表面平滑，于是王羲之大笔一挥，在小桌子上书写了一幅书法。弟子欣喜若狂，急忙将小桌子搬到一边，收藏起来，准备传给子孙。

然后，弟子送踌躇满志的王羲之离开，再返回来，赫然发现家里的地面上，满是刨花。他的父亲正用一只刨子，用力将小桌子上的传世书法刨平。见他怔愕当场，父亲斥责道："你个瓜娃子，早告诉过你的，不要乱写乱画，好好的一张桌子让你画成这个样子，害我费这么大力气才刨平，哼，你真是让人有操不完的心。"

弟子绝望地哭道："再伟大的艺术品，也得遇到赏识它的人，否则就是明珠暗投，抛媚眼给盲人看，徒劳无功啊。"

05 逃亡计划

大将军王敦造反失败，他的哥哥王含和儿子王应准备逃走。

可要逃走的话，往哪儿逃呢？

王含说："与我们关系最好的是王舒，所以我们应该投奔他。"

儿子王应说："不对，王舒以前是对我们好，可那是因为王敦还在，王舒极力想巴结我们而已。这时候我们失势投奔，他一定会杀死我们。"

父亲王含说："那你说我们该投奔谁？"

儿子说："我建议咱们去投奔王彬。"

父亲说："你醒醒吧，王彬跟我们根本没交情，对我们一向冷冷冰冰，我们去了，必然是送死。"

儿子说："不是这样子的。王彬以前之所以冷落我们，只是因为我们跟随王敦造反，这就证明王彬是个正直的人。正直的人，一定不会落井下石。"

父亲王含说："你少胡扯了，马上跟我去王舒那里，保证平安无事。"

儿子王应被迫跟着父亲去投奔王舒。王舒见到他们，立即下令将他们父子二人沉江淹死了。

而王彬，正如王应所言，听说了王敦造反失败的消息后，他就备好了船只，准备营救王含父子。但最终，父子二人选择了死路，而没有选择他。

喜欢欺凌弱者的人，必然会依附强者。不畏惧强者之人，必然会帮助弱者。急难之时，交情未必可靠，真正可靠的是正直的人品。

06 世族营销大法

江南世族谢安，他有个朋友经商失败，落魄潦倒，就来向他求助。

谢安问："你身边还有什么东西？"

朋友回答："只有几千把不值钱的折扇。"

谢安说："你把扇子给我拿过来。"

朋友把扇子拿过来，谢安拿着折扇，到处招摇过市。人们见了，纷纷效仿，于是扇子的价格飙飞冲天。谢安不过是举手之劳，就帮助朋友摆脱了困境，这就叫名人效应。

07 装酷才叫风骨

前秦国主苻坚率大军进犯东晋，他说："我的人马之众，把鞭子扔到江里，也会阻断滔滔江水。"他因此创造了一个成语"投鞭断流"，用来比喻人多势众。

东晋这边，正值谢安用事。他派了自己的侄子，统几千北府兵迎战。大战在即，人人惶恐不安，都感觉东晋王朝快要完蛋了。

这时候有朋友来看望谢安，陪谢安下棋。正下着，忽然有战报传来，谢安随便打开一看，扔到一边，继续下棋。客人惊恐不安地问："前线战场，现在是个什么情形？"

谢安漫不经心地回答："孩子们已经打败了敌人。"

原来，前秦的百万大军，在渡江时发生了炸营，顿时崩盘了。百万大军自相倾轧，疯狂逃窜，几千北府兵正气势汹汹地街尾追杀。东晋这场必败的战役，却阴差阳错地取得了胜利，可是谢安说起来轻描淡写，表现出来的，就是世族子弟泰山崩于前而色不变的沉稳。

客人被谢安的淡定惊呆了，再也没心思下棋，急忙跑出去报告这个好消息。等客人走了，表面上淡定的谢安，这才突然间疯了一样狂跳起来，他一

跳老高，把脚上的木屐都给弄断了。

世族子弟的要求是：可以内心狂喜，但表面上一定要装得若无其事。这就叫六朝风骨。

08 大坏蛋有大智慧

东晋年间，权臣桓温擅权，此人能力极强，他曾经说过："大丈夫不能流芳百世，也要遗臭万年。"总之他是个为达目的不择手段的枭雄型人物。

朝廷对桓温无可奈何，就把桓温幼年时的好朋友——名士殷浩提拔起来，以牵制桓温。

见此情形，桓温大笑道："殷浩这个家伙，小时候跟我一起玩，被我抛弃的玩具，他都要捡起来玩上好半天。总之他这辈子只配玩我剩下的，根本不是我的对手。"

后续的历史，证实果然如此。殷浩虽称名士，却是徒有虚名，根本对付不了权奸桓温。

09 豪赌天下

东晋时，桓温掌握了兵权，就去伐蜀。东晋群臣却充满了悲观情绪，都认为师出必败。只有名士刘惔，认为桓温必胜。

众人问刘惔理由，刘惔曰："桓温是个赌徒，没有把握不会下大赌注，如今他信心爆棚，所以破蜀必成。但日后，他可就要对朝廷形成威胁了。"

果然，桓温出兵蜀川，一战而胜。此后他又北伐中原，并企图问鼎最高权力，成为东晋王朝的心腹大患。

10 高山仰止诸葛亮

桓温伐蜀时，诸葛亮当年的一个小官吏，还活在世上，但已经有一百七十多岁了，于是桓温召见他。

桓温问："诸葛亮在世时，有什么过人之处吗？"

老人回答："也没什么过人之处。"

桓温"哦"了一声，感觉自己比诸葛亮强多了，颇有几分踌躇满志的样子。

却听老人继续说道："可是，自打诸葛公去世以后，我再也没见过办事像他那样稳妥的人了。"

桓温一下子呆住了。

他有点明白了，把事情办得轰轰烈烈、惊天动地，好像谁都可以。但如果说到把事情办得稳妥，那就太难太难了。

桓温终于体会到诸葛亮与普通人的差距，不过是稳妥二字。但除了诸葛亮，没人能够达到这个境界。

11 史上第一悲催皇帝

东晋的孝武帝，是个不幸的皇帝。

他的皇后，叫王法慧，国色天香，含风带露，就是有个小毛病，喜欢喝酒。见酒就喝，一喝就多，喝醉了就摔碟子砸碗家暴老公——换一般女人是不敢这样做的，但王法慧可是世族之女，孝武帝是靠了世族支持才当上皇帝的，根本惹不起这个暴脾气的皇后。

孝武帝几次叫来皇后的娘家人，要求好好管教，但没丝毫效果。幸好后

来王法慧终日醺醺，酗酒身亡，孝武帝才从这段不幸的婚姻中走出来。

然后，孝武帝就宠爱张贵人。有一次，孝武帝趁着酒意，对张贵人开玩笑说："你太老了，没滋没味了，我要挑选几个年轻鲜嫩的替代你。"

说完这句话，孝武帝就一头躺倒，呼呼睡了。可是张贵人却气坏了："这个老东西，现在嫌老娘不鲜嫩了，可老娘的鲜嫩，不都是给了你这老东西吗？"悲愤之下，张贵人拿起被子，捂住孝武帝的头，死死地压住，就见孝武帝两腿踢腾了几下，渐渐不动弹了。

放开孝武帝，张贵人喘息了一会儿，开始哭了起来："陛下……睡驾崩了……"

孝武帝就这样死了。按理说弑君乃大罪，但东晋这个破帝国，很有点凑合的意思。死上一两个皇帝，也没有人关心较真。张贵人在弄死孝武帝后，竟然平安无事。

12 不是不报，时辰未到

东晋末年，有个枭雄刘毅，打败了他的敌人，并随后追赶到了牧牛寺。他指控牧牛寺藏匿了他的敌人，因此杀死了寺中的四个和尚。

但不多久，刘毅也被对手打败了。他一路奔逃，逃到了牧牛寺，就急忙敲门，请求寺中僧人帮他躲藏。

寺中僧人认出了他，愤怒地说："我们出家人，无拳无勇，虽然被你杀害，但绝无报仇的道理。但你太凶残，是不会得到我们帮助的。请你走开，不要打扰我们的安宁。"

刘毅走投无路，仰天叹息道："这就叫报应啊，我以前不信这个，现在相信了，却已经晚了。"说完，他就在寺庙外的一株树上，上吊死了。

记述这件事的人评论说："世间自有报应，不是不报，时辰未到。"

13 朕不要吃妻药

东晋最后一任皇帝，叫司马德文。崛起于草莽的刘裕，掌握了兵权之后，强迫司马德文禅位。

然后刘裕把一瓶毒酒交给部下张伟，说："组织上交给你一项重要工作，去把这瓶毒酒，给司马德文灌下去。"

张伟拿着毒酒出来，说："夺人家的江山，还要灌人家毒酒，这种事情太卑鄙了。我如果干了，以后就没脸见人了。如果不干，刘裕他肯定不会饶过我。唉，要不我自己把这瓶毒酒喝了吧。"

于是，张伟就把毒酒喝了。

刘裕气得半死，就派出大批刺客，去到司马德文的门外，找机会下毒。但司马德文警惕性非常高，与褚妃形影不离，饭都自己做。刺客们始终找不到机会下手。

刘裕无奈，又派了褚妃的哥哥去，诱走褚妃。然后刺客们一拥而上，要求司马德文喝下毒酒。

司马德文断然拒绝，曰："我信佛。佛经说自杀之人，再也没机会转世成为人了，所以我是绝不会自杀的。"

"哎呀，你这人怎么这么麻烦！"刺客们火大了，冲上来按住司马德文，用被子把他给闷死了。

第二节
南朝楼台烟雨中

01 失败的爱国主义教育

东晋帝国结束后，朝政落于刘裕之手，史称刘宋。

刘裕创立帝国时，生恐后人耽于享乐，导致国家灭亡，于是他在宫中建了一个茅土屋，里边陈列着他贫寒时的草帽衣鞋等。这个茅土屋，很有点刘宋王朝的爱国主义教育基地的意思，是想警示自己的后人，莫要忘了创业艰辛。

但皇家后人和开基创业的刘裕，想法是完全不同的。这个爱国主义教育基地自打建立起来，就始终是冷冷清清无人理会。终于有一天，宋孝武帝刘骏来了，他在茅土屋里转了一圈，说道："哼，刘裕的爹，不过是个吃不上饭的老农。他是地道的贫八代，能有顶帽子戴，有双鞋子穿，就应该知足了。而朕，是地地道道的龙子龙孙、金枝玉叶，竟然拿这东西来忽悠朕，哼，这是不会有效果的。"

历史果如刘骏所言，无论前代人创业是多么艰辛，都不会对后代人起到

警示作用。所以这个刘宋王朝，就成了一个短命的小帝国。

02 这次北伐太逗乐

刘宋王朝最强大时，曾发起一次北伐，由大臣王玄谟统率，邀击北魏。

北魏国主拓跋焘闻知，立即逃入沙漠之中。他说："敌人风头正盛，我军万万不可与之交手。大家赶紧找地方藏起来，让人家找到你打死，别怪我没提醒你。"

北魏兵逃走，王玄谟领兵浩浩荡荡地来到了滑台。当地父老乡亲闻知，一个个泪流满面，牵牛宰羊，来慰问王师。他们还给王玄谟的军队送来了当地特产——滑台大梨。

王玄谟咬了一口大梨："咦，这梨味道真心不错。如果弄点回去，肯定会卖个好价钱。"

于是王玄谟立即开办了个大梨交易市场，命令当地百姓，每家必须要交出八十枚大梨，军队用不值钱的破布来交换。霎时间，当地百姓叫苦连天，才发现这根本不是什么王师，而是一伙大梨贩子。

大梨交易市场顺利开办，每天苦着脸来送梨的百姓，络绎不绝。士兵们手拿秤杆，跟百姓们为梨的分量争吵不休。收上来的大梨，堆成了几座梨山。

躲在沙漠深处的北魏拓跋焘，感觉这事好奇怪。他悄悄带了北魏兵出来，趁王玄谟这边交易之际，突然一声呐喊，举刀杀来。

王玄谟吓了一大跳，仓促之际来不及整兵应战，只好撇下大梨，掉头向来路疯狂奔逃。北魏兵穷追不舍，一直杀入刘宋境内。

这一次北伐，就这样稀里糊涂地以失败告终。王玄谟也没有受到追究，大家继续混日子。

03 蠢货不可当领导

刘宋孝武帝时，曾有一场大战。

战争的起因，是孝武帝的叔叔刘义宣，帮助孝武帝夺得皇位。但当上皇帝后，孝武帝就霸占了他的表妹，也就是刘义宣的女儿。刘义宣很生气，立即起兵，前来攻打。

战前，谋臣写好了讲话稿，让刘义宣照着讲，以激励三军士气。但刘义宣脑子不好使，讲话稿中有一句："刘邦被项羽多次打败，但最终赢得了胜利。"刘义宣给念成："项羽失败了一千次，最后杀掉了刘邦。"军士们听得目瞪口呆。

讲话失败，但刘义宣还是统兵出发了。大军逼近国都，孝武帝吓得号啕大哭，已经准备投降。可万万没想到，刘义宣却不明所以地突然恐惧起来，他竟然撇下军队，独自雇了辆骡车逃跑了。他一逃，军心立即涣散，孝武帝不战而胜。

脑子不好使、性格又懦弱的刘义宣，最终被抓住杀掉了。他的悲剧告诉后人，太蠢的人，不适合成为领导，不然就会弄出蠢萌的局面，无法收场。

04 山阴公主的志向

刘宋王朝，最有名气的女性，是山阴公主。

山阴公主，是废帝刘子业的姐姐。弟弟当上皇帝后，她就去找刘子业，说："我和你，都是妈生爹养的。如今你当了皇帝，我仍然是公主。凭什么你可以拥有三宫六院七十二嫔妃，我却只能守着一个男人？我要求与你同等待遇，拥有很多很多男人。"

刘子业立即给姐姐找来三十个美男子，又名面首，给姐姐送了过去。但没过多久，山阴公主就腻了，说："这些男人，都是没骨气的鼻涕虫，我渴望雄健伟岸的美男子。"

当时朝中，雄健伟岸的美男子，还真有一个，名叫褚渊。刘子业听了姐姐的需求，立即传旨："褚渊，从现在开始，你就是山阴公主的人了，马上去公主府中报到。"

没想到，褚渊硬气得很，回答说："陛下，砍我脑壳可以，想让我陪你们玩这个，甭想。"

嘿，这个褚渊胆子够大的啊。山阴公主更加想得到他，就假传圣旨，把褚渊骗了去，然后柔情脉脉，温香软语，想拿下这个男子汉。

万万没想到，褚渊铁下心来，要跟山阴公主抬杠。他昂然而立，不肯坐下，任山阴公主百般挑逗，整整一夜竟动也不动。最后山阴公主认输了："行，算你狠，我开门放你出去，以后你可别后悔。"

褚渊安然而归。朋友们都称赞说："这就是富贵不能淫，男人做到这一步，才算是真英雄。"

05 皇帝说了不作数

南齐时，皇帝的权力很有限，说话算数的，是世族领袖。

当时的中书舍人纪僧真，曾请求武帝萧赜，让他加入世族。这个问题难住了萧赜，他说："哎呀，这事朕说了不算，你得去找世族领袖，他们说了才作数。要不，你去试试看？"

纪僧真就去找世族领袖江敩，说是奉旨而来，刚刚坐下，就听江敩吩咐道："来呀，把我的座位拉远点，别让客人的臭气熏到我。"

纪僧真一听，就明白了，垂头丧气回去，对萧颐说："陛下呀，现在你说话，屁用也不顶呀。"

06 智商是短板

南齐的东昏侯，性喜杀戮，昏乱无道，激起部下反叛，前来攻杀他。

叛兵包围了皇宫，攻打愈发激烈。这时候部下来找东昏侯，请求拿出东昏侯贮藏的木料和兵器，抵御叛军。

东昏侯听了这要求，顿时火了："有没有搞错？那些木料和兵器，是人家以后出去玩的时候用的，凭什么给你们？"

"可是……"部将被东昏侯的智商惊得目瞪口呆，不得不提醒他，"可是如果叛军杀进来，你还有机会玩吗？"

东昏侯道："那我不管，抵抗叛军是你们的事儿，朕才不操这闲心。"

面对东昏侯的冥顽不灵，部下毫无办法可想。当天夜里，他们打开门，让叛军冲入宫中。东昏侯从龙床上爬起来狂奔，最终被捉住，脑壳被砍掉。

东昏侯的智商，真的对不起他屁股下面这张龙椅啊。

07 唯愿山中吃草

南北朝时，名士陶弘景，明众艺，善书画。梁武帝听说了他的名气，就派人去请他出来做官。

去的人回来时，带回了陶弘景画的一幅画。画面上是两头牛：一头牛戴着黄金笼头，被关在圈里；另一头是野牛，自由自在地于山野间吃草。这幅画的名字，就叫《双牛图》。

梁武帝看了，明白了陶弘景的意思——他不愿意用功名富贵，来换取现在的自由生活。于是梁武帝就不再以爵禄逼迫陶弘景，更加敬重这位书生。

08 皇帝大甩卖

南朝梁武帝，崇信佛法。有一年，他忽然把自己卖掉了，卖给了寺庙为僧。

大臣们慌了神，只好去寺庙里找皇帝。可是梁武帝说，他已经被卖掉，要想回去，大臣们必须出钱赎买。无奈何，大臣们掏光了国库，把他买了回去。

但没过多久，梁武帝再次把自己卖掉。大臣们再次把国库掏空，第二次将他赎回。

到了第三次，国家实在掏不出钱来买皇帝了，梁武帝就在寺庙里待了半个多月。第三次赎买回去，梁武帝知道玩得太大，如果再把自己卖掉，可能国家真的凑不出钱来买回他了，就消停了好久。

因为崇信佛法，梁武帝留下许多佛塔。"南朝四百八十寺，多少楼台烟雨中"，说的就是这个时代。

09 达摩东来

达摩东渡而来，梁武帝召见他，一见面就问："大师，我修建了许多佛塔，积累了无数功德，我会不会因此成佛？"

达摩回答说："什么叫你兴建佛塔？那些佛塔，是多少百姓卖儿卖女替你修建的，它们凝聚了生民的血、百姓的泪。修建佛塔的是黎民百姓，你个

骑在民众头上作威作福的帝王，怎么可能有功德？"

梁武帝听了，恚怒不语，于是达摩辞去，一苇渡江而走。此后的梁武帝，被乱军困于宫中，活活饿死了。

10 可以死，但绝不允许被污染

旧时王谢堂前燕，飞入寻常百姓家。

这句诗里，王谢堂前，指的是江南世族王家和谢家。诗中以此二家，代表江南世族的传承。那么这些世族，后来的命运怎么样了呢？

梁武帝年间，侯景叛乱，把梁武帝饿死于宫中。听说世族之中，最尊贵、最美丽、最有才学的，是王谢两家的女子，于是侯景就大大咧咧地向王谢两家求婚。

道不同，不相为谋也。王谢两家断然回绝，侯景大怒，就举兵把王谢两家全部灭绝了。

可以死，可以灭族，但绝不允许尊贵的血统被污染。这就是世族的不屈风骨，是世族留给后人的传世风范。

11 蠢货武陵王

南梁有个武陵王，叫萧纪，这人很好玩。

他起兵征讨侯景，战前，萧纪召开军事会议，搬来无数箱黄金饼，将金饼一张张挂在会场。与会诸将都亢奋不已，认为这肯定是主公要奖赏给他们的。

不曾想，萧纪发表讲话，称："人啊，各有各的命。有的人天生命好，比如我萧纪，天生就是王爷，所以有这么多金饼。你们呢，那就是生来的穷

命了。你们这些大头兵，不仅是人穷，命也穷，你们注定要搏杀于战场，死后连根毛也捞不到，你们说是不是？这些金饼呢，就是挂起来让你们瞧瞧，瞧瞧咱的命有多好，瞧瞧你们命运多悲催。好啦，你们看够了，金饼也该收起来了。"

什么？将领们起初以为主公开玩笑，可等到萧纪把黄金饼全都收起来抬走，大家才知道，这家伙是存心逗大家开心。

萧纪脑筋如此不正常，那就没办法了。

于是萧纪军心大溃，萧绎的部将冲入萧纪的大帐，举剑杀来。当时萧纪很是惊讶，他一边绕桌逃避追杀，一边丢过来张金饼，说："你看你这个人，怎么这么怪？快拿金饼走吧，我不追究你。"

"不追究你妹！宰了你，所有的金饼都是老子的！"部将冲上前来，一刀砍下，萧纪就这样被杀掉了。

12 从此怀疑人生

南陈后主陈叔宝，也是个没出息的皇帝。

但陈叔宝之所以没出息，跟他的个人经历有关。他曾经遭遇了一件怪事，从此让他怀疑人生。

事情发生在陈叔宝的父亲南陈宣帝死后。陈叔宝正趴在棺材前悲痛大哭，这时候他的弟弟陈叔陵进来了。

陈叔陵看到继位的大哥正趴在地上撅屁股哭，立即命令手下拿剑来。可是朝廷有制度，朝官上殿不许佩真剑，怕的是哪位大臣突然发飙，举起铁剑搏命一击，宰了皇上。但朝臣上殿，没有剑又不威风，所以朝廷制度规定，宫中只许有工艺品木剑，禁止出现铁剑。

所以陈叔陵的手下，给他拿过来把木剑，结果陈叔陵破口大骂。

骂过后，陈叔陵找来把剉药刀，走到哥哥陈叔宝身边，瞥准陈叔宝的后脖颈，砰的一刀，砍了下去。

陈叔宝不曾提防，被砍得"哎哟妈"一声，就趴地上不动了，脖颈刀伤处，鲜血汩汩流出。

这下子宫中人全都吓坏了，冲上来捉拿陈叔陵。陈叔陵将陈叔宝的生母砍倒在地，一通暴剁。幸亏陈叔宝的乳母从后面抱住陈叔陵，众人一拥而上，制服陈叔陵，将他缚在柱子上，然后大家紧急营救陈叔宝。

苏醒后的陈叔宝躺在榻上，他终于真切地意识到，什么叫人生苦短，什么又叫人生如梦。

如果陈叔陵那一剑砍得再准点，他的人生就彻底终结了。

红尘啊滚滚，痴痴啊情深，聚散总有时。留一半清醒，留一半醉，何不潇洒走一回？

从此陈叔宝有了一种紧迫感，急不可耐地享受人生，根本没时间治理国家。结果，南陈被大隋帝国灭亡，陈叔宝沦为亡国之君，也没什么人生可以享受了。

13 天生没心没肺

南陈灭亡后，后主陈叔宝被俘到长安城。隋文帝对他非常优待，从不在他面前演奏江南的乐曲，担心陈叔宝听了，引发亡国之痛。

有一天，负责监守陈叔宝的官员向隋文帝报告："陛下，陈叔宝他有个要求，想要个官来做。"

皇帝都不好好干，还想当小官吗？当时隋文帝听了，无奈摇头，说了句

千古名言："叔宝全无心肝。"

意思是，陈叔宝这个人，天生缺乏情感，属于没心没肺的麻木者。

14 人生如梦

江南有座酒店，店中有个女仆。

这女仆很可怜，没有父亲也没有母亲，没有人照应她。来酒店的许多坏男人，都打她的主意。于是有一天，她怀孕了，生下个孩子，但孩子的父亲，并没有露面。很快这可怜的孩子，就沦为了小乞儿。

有一天，女仆正在酒店中忙碌。忽然间外边来了辆华丽的车子，车上下来一个气派不凡的年轻人——来者竟然是南陈的皇帝陈宣帝，他来酒店，是来寻找自己做太子时，扔在这里的私生子。

女仆就这样进了宫，而她的小乞丐儿子，也成为贵极一时的皇子。陈宣帝给他起名叫陈叔坚。

一夜之间，陈叔坚从乞丐变成了皇子，这让他感觉人生命运好无常好无常。

陈宣帝死后，陈叔宝即位，封了弟弟陈叔坚为大将军。但这个大将军没干多久，隋兵就渡江而来，陈叔坚招架不住，南陈就这样灭亡了，他和哥哥陈叔宝，一块被俘虏到了隋都长安。

此后，陈叔坚被流放到了瓜州，交由地方官监督劳动。劳动了一段时间，陈叔坚忽然想起，他在酒店当小乞丐时，学会了酿酒。于是他就开了家酒店，当上了酒店老板。

又过了几年，隋帝国举贤荐才，发现他这个酒店老板读书识字，又有见识，于是让他当上了遂宁郡的太守。

陈叔坚坐在堂上时，回想自己这一生，那真是丰富多彩，从乞丐到皇

子，从大将军到亡国之臣，从酒店老板到一郡之守，陈叔坚不由得感叹道："人生如梦，岁月无常啊。"

15　狂哭大赛

前秦皇帝符登，与后秦国主姚苌交战。有一天，姚苌和士兵正在营寨中，符登突然杀至，向姚苌索战。姚苌高挂免战牌，闭门不出。

符登大怒，就命令手下士兵冲着姚苌的大营号啕痛哭。

于是符登的士兵就围着姚苌的营寨齐声痛哭，哭得姚苌这边人人心里发毛，心惊肉跳，坐卧不安。士兵向姚苌请示："报告，我军士兵被符登他们的哭魂大法给哭得神经错乱，支持不下去了，这可咋办呀？"

"废物！"姚苌怒斥道，"这么点小事还用来麻烦我？他们会冲着你哭，你难道就不会也冲着他们哭？传我将令，命每个士兵冲着营外大哭，不哭者斩。"

于是，人类战争史上最古怪的战役开始了。符登率士兵，冲着营寨号啕大哭。营中的姚苌士兵，也冲着外边哇哇痛哭。双方比拼大哭，一直比拼到大半夜。外边的符登哭得饥肠辘辘，不得不撤兵而走。

最终，符登被姚苌这种无厘头的战术给打败了。而姚苌，也因此成为当时有名的军事家、战略家与政治家。

第三节
北朝乱斗起烽烟

01 逗乐大战

前秦皇帝苻登卷土重来，再次与后秦国主姚苌交战。

二者交手，姚苌连吃败仗。他很惊讶，就派人仔细观察苻登的动向。他发现，苻登到来之后，就用木头刻了个苻坚的雕像。每次临阵交战时，苻登就率部下，对着苻坚的雕像号啕大哭。

当时姚苌就想："咦，会不会是死掉的苻坚，能显灵保佑人打胜仗呢？要是这样的话，我也刻个苻坚雕像。"

姚苌居然真的也刻了个苻坚雕像，临阵之前，学着苻登，率领士兵向着雕像号啕大哭。可是姚苌这货也不想想，苻坚就是他杀死的，真要是显灵，不掐死他才怪，怎么可能保佑他打胜仗？

结果，冲雕像哭过之后，姚苌仍然吃败仗，于是他生气地把雕像扔掉了。

02 吐谷浑的智慧

东晋南北朝时，吐谷浑阿豺，有二十个儿子。

他病重时，召见弟弟慕利延，说："你拿一支箭来，把它折断。"

慕利延一下子就把箭折断了。

阿豺又说："你再拿二十支箭捆在一起，把它们折断。"

这一次，慕利延折不断了。

阿豺说："你知道吗？一支箭容易折断，很多支箭在一起，就很难折断了。你和侄子们必须同心协力，国家才能巩固。"

03 贪官不服

后魏济阴王元诞，贪婪无比。他做了齐州刺史，每天搜刮无度，仍嫌不足。

有一天，元诞遇到个和尚，问："你在外边，是不是听到百姓都称赞我？"

和尚回答："恰恰相反，我听到的是百姓齐声咒骂你太贪婪，巴不得你早死才好。"

元诞听了，勃然大怒，吼道："齐州地界，有七万户人家。我对每一户人家的搜刮，还不足三升米的钱，他们怎么可以说我贪呢？凭什么说我贪？"

这就是贪官的普遍心理，无论他们贪多少，总嫌自己贪得太少。

04 出卖朋友的下场

南北朝时，后魏藩镇尔朱兆作乱，追杀魏庄帝。城阳王元徽，被迫跟着

皇帝出逃。

元徽逃到了洛阳，投奔自己多年的好友——洛阳令寇祖仁。不曾想寇祖仁翻脸无情，酒宴之后突然把元徽拿下，砍下他的脑袋，给尔朱兆送了去，以此邀功。

尔朱兆见了元徽的首级，很是满意，就登榻睡觉去了。睡下之后，他做了个奇怪的梦，梦到元徽满身是血，站在他面前说："我有白银两百斤，好马一百匹，都在寇祖仁家里，你可以取来，这是我送给你的礼物。"

醒来之后，尔朱兆拿这个梦当了真，立即派人去寇祖仁处，命令寇祖仁交出银子和马。可是寇祖仁根本没有见到所谓的银子和马，但尔朱兆不信，说："我都梦到了，你别想瞒过我。"

于是尔朱兆下令，把寇祖仁吊起来，脚上坠着大石头，一番严刑拷打，活活把寇祖仁打死了。

史官记下这段故事，并拍手称快，说："像寇祖仁这样出卖朋友的人，是没有好下场的。"

05 乱世黄金不值钱

高欢，南北朝时北齐的神武帝，未得志前，他只是个军事将领。有一次，他从洛阳回来，就把家财全部拿出来赠送朋友，亲友奇怪地问他："你为什么这样做？"

高欢笑着说："天下要大乱了，乱世黄金不值钱，拥有实力最重要。"

家人问："你怎么知道天下要大乱？"

高欢回答："我在洛阳时，恰好赶上士兵叛乱，宫中的禁军公然杀人越货，一把火烧了领军张彝的府邸，还剥光了他全家人的衣服。出了这么大的

乱子，可是朝廷不敢过问，生怕禁军闹出更大的事情来。这件事让我知道，如今的权力，已经转到士兵之手，天下岂有不乱的道理？"

果如高欢所言，不久天下大乱，战火频仍。而高欢早有准备，终于崛起于混乱之中，登基成为北齐的神武皇帝。

06 快刀斩乱麻

北齐神武帝高欢的二儿子叫高洋。高洋看起来很普通，并不是一个特别有才干的人。

但是有一次，高欢为了测试儿子们的应变能力，就交给每个儿子一把乱丝，让他们整理出来。所有儿子都在低头忙碌，想把凌乱的丝线理顺。只有高洋一言不发，突然间持剑在手，一剑砍断乱丝，说了句："乱者必斩！"

高欢在一边看着，大吃一惊。他知道这个二儿子，非易与之辈，便说："这孩子的智慧，远在我之上。"后来，高洋果然夺了皇位。

07 终于等你化好妆

北齐后主高纬，宠爱绝代美女冯小怜。北周军队打来了，攻破城池，高纬却带着冯小怜去打猎游玩，不管不问。

北齐的军队发起反攻，并请求后主高纬临阵指挥。高纬来了，发现己方的士气极猛，将对方城池捣出个大洞，正要从洞口冲入城中。

高纬急忙传旨："停，谁也不许擅自入城，擅入者斩。"

部将大骇："陛下，为啥不让我们入城啊？"

高纬解释道："因为我要请美女冯小怜来，和她一起观看你们攻入城

中。"

北齐军队只好苦着脸，耐心等冯小怜来。等啊等，等啊等，等了好久好久，冯小怜才化好妆，慢吞吞地来了。高纬急忙迎上："美人过来，你看城墙上有个大洞，咱们的军队正要……咦，城墙上的洞呢？洞哪儿去了？"

"陛下，"将士们气得半死，"北周的军队，早就趁刚才等你家冯小怜的功夫，把城墙上的洞堵住了。我军士兵无端受挫，这场仗，没有赢的指望了。"

北齐帝国，就这样被玩心重的后主高纬，活活给玩死了。

图书在版编目（ＣＩＰ）数据

我的课外历史书.1/雾满拦江著.—南昌：江西

人民出版社,2015.8

ISBN 978-7-210-07604-9

Ⅰ.①我… Ⅱ.①雾… Ⅲ.①中学历史课－课外读物

Ⅳ.①G634.513

中国版本图书馆CIP数据核字(2015)第169008号

我的课外历史书（1）

雾满拦江　著
责任编辑：陈　骥　章　虹
封面设计：游　珑
出　　　版：江西人民出版社
发　　　行：各地新华书店
地　　　址：江西省南昌市三经路47号附1号
编辑部电话：0791-88670587
发行部电话：0791-86898815
邮　　　编：330006
网　　　址：www.jxpph.com
E-mail：chenkuans319@163.com
2015年8月第1版　2015年8月第1次印刷
开　　　本：787毫米×1092毫米　1/16
印　　　张：10.5
字　　　数：85千
ISBN 978-7-210-07604-9
版权所有　侵权必究
定　　　价：19.80元
承印厂：江西金港彩印有限公司
赣人版图书凡属印刷、装订错误，请随时向承印厂调换